Atout Bac

LEXIQUE DE SVT

TERMINALE S

Michel BREUIL
Agrégé de sciences naturelles
Professeur au lycée Champlain
(Chennevières-sur-Marne)

NATHAN

COMMENT UTILISER CE LIVRE

Cet ouvrage s'adresse à tous les élèves de **Terminale S** (Enseignement obligatoire et de spécialité) qui préparent l'épreuve de Sciences de la Vie et de la Terre au baccalauréat.

•

Au début de ce livre, vous est proposé un **glossaire méthodologique** comportant une quarantaine de mots courants que vous rencontrerez aussi bien dans les énoncés de sujets du bac, les exercices, les descriptions et les comptes rendus d'expériences... que les annotations des professeurs sur les copies.

•

Vous trouverez ensuite le **lexique** proprement dit qui comporte quelque 1100 entrées.

Il doit vous aider à :
– **employer le terme exact** pour améliorer la qualité de votre raisonnement ;
– **maîtriser un vocabulaire précis** indispensable à la compréhension des phénomènes biologiques et géologiques ;
– **comprendre et traiter les sujets** de Sciences de la Vie et de la Terre au baccalauréat.

Pour chaque entrée, est donnée une définition simple du terme ou de l'expression correspondant à ce que les jurys du bac attendent d'un élève de Terminale S. De plus, pour la plupart des entrées, à la suite de la définition qui constitue la première phrase, un petit développement est proposé qui permet de replacer une notion importante dans un contexte plus général. La quasi-totalité des termes spécifiques employés dans les définitions sont définis dans le lexique, il vous est donc toujours possible de vous y reporter en cas de doute.

•

→ Les flèches signalent les renvois. Afin d'éviter de trop nombreuses répétitions, ceux-ci ne sont pas systématiques. Ils indiquent les entrées à consulter pour améliorer la conpréhension de la définition. Il est donc fortement conseillé de les parcourir, sous peine de manquer un fragment de l'explication, qui se trouve ailleurs.

ISBN 2-09-181281-1

Quelques conseils

Utilisez les termes propres à la démarche expérimentale

• En tant que sciences expérimentales, au même titre que la physique et la chimie, les Sciences de la Vie et de la Terre s'appuient sur une démarche scientifique rigoureuse. Pour être menée à bien, celle-ci nécessite l'emploi d'un vocabulaire précis qui correspond aux différentes approches utilisées.
Si la plupart des termes employés en ce sens sont des mots de tous les jours, force est de reconnaître que souvent ils sont mal connus, donc mal compris, et utilisés de manière incorrecte.

• Le **glossaire méthodologique** vous aidera donc à acquérir ces notions. Il vous préparera plus particulièrement à « utiliser des connaissances dans le cadre d'un problème scientifique » (deuxième partie de l'épreuve) et à « pratiquer des raisonnements scientifiques » (troisième partie de l'épreuve).
Pour en tirer le maximum de profit, vous devez en prendre connaissance au préalable pour en explorer le contenu afin de pouvoir vous y reporter le moment venu.

Exprimez-vous avec précision

• Une des difficultés spécifiques aux Sciences de la Vie et de la Terre réside dans l'assimilation et l'utilisation d'un vocabulaire très riche et très compliqué où les synonymies sont parfois nombreuses. Souvent, la simple description d'un phénomène et les explications proposées disparaissent sous un déluge de vocabulaire qui, si vous n'en connaissez pas le sens précis, masque la compréhension ou la clarté des explications. D'où la nécessité d'apprendre ce vocabulaire de façon presque systématique.

• Le **lexique** regroupe en 1 100 entrées non seulement toutes les notions exigibles du programme de Terminales S mais aussi celles qui sont nécessaires à une compréhension globale des sujets abordés ainsi que les quelques notions des classes antérieures qu'il vous faut maîtriser pour dominer parfaitement le programme de Terminale S.

• Si vous ne trouvez pas un mot ou une expression dans ce lexique, cherchez soit aux différents mots composant l'entrée, soit à une entrée plus générale dans laquelle le mot recherché est défini.

Attention ! Assurez-vous toujours que vous comprenez les définitions avant de les apprendre ; mais il ne s'agit pas de les apprendre par cœur !

GLOSSAIRE MÉTHODOLOGIQUE

Aléatoire : qualifie un phénomène imprévisible, c'est-à-dire dont les causes réelles ne peuvent être connues avec précision.

Analyse : d'après Descartes, opération intellectuelle consistant *« à diviser chacune des difficultés* (d'un problème) *en autant de parcelles (parties) qu'il se pourrait et serait requis pour mieux les résoudre »*. L'emploi du terme analyse pose souvent des difficultés d'application. En effet, certains auteurs (de sujets) attendent simplement le découpage du problème posé en éléments irréductibles qui composent l'objet étudié ; en revanche d'autres attendent que ce découpage conduise à la résolution du problème.

Argument : **1.** Raisonnement : destiné à prouver ou à réfuter une proposition. **2.** Preuve : à l'appui ou à l'encontre d'une proposition.

Causalité : principe explicatif suivant lequel tout a une cause et dans les mêmes conditions, la même cause est suivie des mêmes effets (conséquences).

Cause : événement antécédent, action qui produit un effet, une conséquence. La recherche des causes des phénomènes naturels est à la base des recherches en sciences expérimentales.

Commentaire : ensemble des remarques que l'on peut faire sur un phénomène, sur ses particularités et des éclaircissements et des explications que l'on peut y apporter compte tenu de ses connaissances.

Conséquence : **1.** Conclusion tirée d'une ou plusieurs propositions. **2.** Résultat produit par une cause.

Corrélation : mesure de l'interdépendance entre deux variables. La corrélation évalue la tendance d'une mesure de varier de concert avec une autre sans que l'une agisse directement ou indirectement sur l'autre. La corrélation est positive quand les mesures des deux variables augmentent ensemble, elle est négative quand une mesure augmente alors que l'autre diminue et nulle quand l'une augmente alors que l'autre ne change pas. Une corrélation n'implique pas toujours une relation de cause à effet, cependant elle doit inviter le scientifique à rechercher une éventuelle cause à cette corrélation en sachant que cette corrélation est peut-être non causale. L'hypothèse selon laquelle l'existence d'une corrélation équivaut à la mise en évidence d'une cause est une des deux ou trois erreurs les plus répandues et les plus graves du raisonnement humain (S. J. Gould).

Déduction : conséquence tirée d'un raisonnement qui dépend des propositions choisies au départ. La déduction part de faits généraux (loi) et va vers les cas particuliers. La déduction s'oppose souvent à l'induction.

Démonstration : démarche intellectuelle visant à établir une vérité qui n'est pas immédiatement évidente. La démonstration est un raisonnement déductif qui s'appuie sur des propositions dont la vérité a déjà été démontrée.

Déterminisme : Principe suivant lequel tout événement est engendré par une cause et, dans les mêmes conditions, les mêmes causes provoquent les mêmes effets (conséquences).

Empirique : **1.** Qualifie ce qui est l'objet d'expériences, d'observations et qui ne repose pas sur des données scientifiques ou rationnelles. **2.** Qui provient de l'expérience spontanée et commune et n'a rien de systématique. **3.** Expérimental.

Épistémologie : étude critique des sciences destinée à déterminer leur origine, leur valeur, leur portée, leur influence.

Experience : **1.** Acte de l'expérimentateur par lequel celui-ci met en évidence des phénomènes contrôlables et reproductibles au moyen d'une technique répondant aux exigences de la méthode expérimentale telle qu'elle est utilisée dans les sciences exactes. **2.** Une observation descriptive, sans lien direct avec une recherche programmée. **3.** Rencontre entre l'esprit et la réalité extérieure, perçue par la voie des sens ou de la conscience et procurant au sujet une information sur le monde.

Expérimentation : procédé général de la méthode scientifique selon lequel l'expérimentateur décrit avec précision un nombre suffisant de variables à propos d'une question particulière et soumet celles-ci à un traitement contrôlé. Ce dernier consiste à faire varier une seule des variables (variable unique) tout en maintenant les autres constantes (témoin). De cette façon, les diverses variables jouent successivement le rôle de variable indépendantes, les effets de celles-ci sur une autre variable dite dépendante permettant de déterminer les facteurs considérés comme causes agissant sur cette dernière.

Explication : opération consistant à établir les liens fonctionnels qui unissent les différentes parties d'un système. C'est essayer de préciser les relations de cause à effet entre deux éléments dont le premier est considéré comme un antécédent constant et l'effet (conséquence) qu'il produit nécessairement.

Facteur : toute cause partielle déterminant un effet, la cause principale étant dite facteur principal ou facteur déterminant. La mise en évidence des facteurs qui provoque l'apparition d'un phénomène est la tâche fondamentale de l'expérimentation.

Fait scientifique : événement, objet ou résultat provenant de l'observation et que l'on considère comme indiscutable.

Finalisme : théorie philosophique et biologique affirmant que les différentes structures rencontrées chez les êtres vivants ont été conçues (par qui ?) pour réaliser un but précis. La plupart des biologistes admettent actuellement que l'évolution et l'adaptation des êtres vivants ne sont pas le produit d'une finalité, mais le résultat de la sélection naturelle. Ainsi, dans la rédaction d'un texte biologique on évite l'emploi de certaines tournures commençant par afin de, pour, dans le but...

Hasard : cause fictive, c'est-à-dire qui n'existe qu'en apparence, que l'on rend responsable d'événements qui se produisent sans raison apparente ou explicable.

Hypothèse : énoncé anticipant sur la nature des relations entre deux ou plusieurs phénomènes. L'hypothèse est une explication provisoire qui doit être testée par l'expérimentation.

Hypothético-déductif : dans les sciences expérimentales, la méthode hypothético-déductive permet de vérifier le bien-fondé des hypothèses en ce sens que ces dernières doivent donner naissance à des implications (conséquences) vérifiables par l'expérimentation.

Induction : raisonnement qui consiste à remonter des faits (observation) à la loi, du particulier au général.

Interprétation : explication destinée à donner à un phénomène une signification exacte, pour l'intégrer dans un contexte plus général, à donner une signification claire à quelque chose d'obscur.

Loi : formulation générale ne souffrant aucune exception énonçant une corrélation entre des phénomènes physiques et vérifiée par l'expérience.

Mécanisme : **1.** Agencement, disposition les uns par rapport aux autres des différents d'éléments (cellules, tissus, organes) participant à une même fonction. **2.** Mode de fonctionnement d'une structure, quelle que soit sa dimension, que l'on assimile à une machine.

Méthode expérimentale : raisonnement conduisant à l'explication d'un phénomène naturel. La méthode expérimentale est une démarche explicative qui se décompose en 5 étapes. **1.** Observation d'un phénomène biologique ou géologique (*Qualités requises : sens de l'observation, précision dans la description du phénomène qui ne doit contenir aucune interprétation. Se méfier du sens des mots*). **2.** Cette observation conduit à la formulation d'un problème (problématique), généralement posé sous forme de questions. (*Qualité : curiosité, on cherche à expliquer le phénomène observé*). **3.** Il faut donc apporter des réponses (hypothèses) aux questions posées qui doivent être vérifiables par l'expérimentation. (*Qualité : imagination en liaison avec les acquis.*). **4.** Il faut éprouver (tester) cette hypothèse, c'est-à-dire vérifier si elle explique (relation de cause à effet) le phénomène observé ; pour cela, il faut préparer un protocole expérimental. (*Qualités : rigueur dans l'expérimentation de telle manière qu'il n'y ait aucune ambiguïté dans l'interprétation des résultats*). **5.** Il faut confronter les résultats expérimentaux aux hypothèses. Discussion puis conclusion. Soit les hypothèses sont validées par les résultats expérimentaux, soit elles ne le sont pas. Dans le premier cas, l'hypothèse est confirmée, elle devient donc une explication ; dans le second cas, il faut reformuler une nouvelle hypothèse qu'il faudra à nouveau tester *(Qualités : impartialité, persévérance)*. L'explication causale ne peut être valide que si le résultat obtenu peut être provoqué par la variation d'un paramètre parfaitement contrôlé.

Modèle : construction théorique ou physique représentant de manière plus ou moins simplifiée un phénomène complexe dans le but de comprendre les liens fonctionnels entre les différents éléments d'un système. Ainsi, un modèle utilise les lois déjà connues et permet de faire des prévisions. C'est un ensemble d'hypothèses qui permet d'étabir des relations de causalité entre les faits.

Observation : procédé scientifique d'étude conduisant à une description précise et rigoureuse des phénomènes naturels tels qu'ils se déroulent, sans volonté de les modifier ou de les interpréter. L'observation se distingue de l'expérimentation en ceci que la première est à l'origine des hypothèses explicatives alors que la seconde a pour but de tester ces hypothèses. Une observation est considérée comme valable quand des observations du même phénomène par des observateurs différents conduisent au même résultat et quand des observations successives par le même observateur sont identiques. La difficulté de l'observation se situe dans l'emploi des mots utilisés pour la description du phénomène étudié ; ceux-ci ne doivent pas avoir de valeur interprétative.

Paramètre : dans les sciences expérimentales, toute variable définie quantitativement et susceptible de subir des variations contrôlées dans l'analyse causale des phénomènes. Ce mot est pratiquement synonyme de variable ou facteur.

Parcimonie (principe de) : dans les sciences expérimentales, le principe de parcimonie stipule que si deux explications équivalentes du même phénomène sont en présence, la plus simple doit être préférée. L'explication la plus simple est celle qui fait appel au moins d'hypothèses.

Phénomène : **1.** Tout ce qui apparaît à la conscience que ce soit par l'intermédiaire des organes sensoriels ou par l'intermédiaire d'une représentation cérébrale. **2.** Pour Kant, le phénomène est tout ce qui est objet d'expériences possibles, tout ce qui apparaît dans l'espace et le temps.

Physique : sciences des causes naturelles. La physique cherche à connaître les causes des phénomènes de la matière, elle établit des lois (loi de l'attraction universelle, loi des gaz parfaits...).

Problématique : **1.** Art, science qui consiste à poser les différents problèmes qui sont liés à un sujet. Ainsi, indiquer une problématique revient à poser les différentes questions relatives à un sujet. **2.** Proposition qui exprime une simple possibilité, c'est-à-dire qui peut être vraie sans que son affirmation et/ou sa négation soient établies avec certitude (Kant).

Protocole expérimental : écrit préparatoire destiné à fixer la démarche à suivre pour éprouver une hypothèse. Les schémas expérimentaux fixent les dispositions à respecter pour la manipulation des variables en jeu et garantissent la validité interne de l'expérience. Un des plans expérimentaux classiques consiste dans la formation d'un groupe expérimental et d'un groupe de contrôle équivalent (témoin), soumis tous les deux à un pré-test, le groupe expérimental seul subissant une action systématique déterminée ; les deux groupes sont soumis à un post-test, la différence dans les résultats de celui-ci étant attribuée à l'effet de l'action subie par le groupe expérimental.

Réductionnisme : toute théorie ou approche qui cherche à donner une explication à un phénomène complexe en le ramenant, par l'analyse, à ses éléments les plus simples. Suivant cette attitude, l'étude de la vie se ramènerait le plus souvent à l'étude des composants d'un être vivant (atomes, ions, molécules) auxquels s'appliquent intégralement les lois de la physique et de la chimie. Le réductionnisme suppose que le tout est la somme de ses parties et qu'il n'émerge pas de propriétés nouvelles de la réunion des éléments simples.

Schéma : représentation graphique simplifiée et fonctionnelle d'une structure ou d'un système. Le schéma simplifie les contours, fait appel à des figurés, des couleurs, des représentations symboliques, des flèches. Il a pour but de mettre en évidence les mécanismes, les éléments fondamentaux à retenir.

Sciences : ensemble des connaissances de valeur universelle, ayant pour sujet d'étude un « objet » déterminé et une méthode propre et fondés sur des relations objectives vérifiables : sciences exactes (mathématiques), sciences expérimentales (physique, chimie, biologie, géologie), sciences d'observation qui ne font pas appel à l'expérimentation (zoologie, botanique...).

Système : ensemble d'éléments liés entre eux et formant un tout organisé. Un système possède un nombre précis de structures fonctionnellement interdépendantes, présentant une disposition précise et une chronologie de mise en action bien définie.

Théorie : ensemble de règles, de lois systématiquement organisées servant de base à une science et qui donnent l'explication du plus grand nombre de faits possible (théorie de l'évolution, théorie chromosomique de l'hérédité, relativité...).

Validité interne : condition nécessaire pour que les résultats d'une expérience aient un sens, c'est-à-dire si les effets mesurés sont réellement attribuables aux variables indépendantes envisagées.

Variable : tout phénomène observable susceptible de prendre n'importe quelle valeur numérique, du moins entre certaines bornes, sur une échelle continue.

Lexique

A

ABIOTIQUE

Désigne un milieu dépourvu d'êtres vivants en raison des conditions extrêmes qui y règnent.

ACCOUTUMANCE

État de l'organisme qui tolère de mieux en mieux une substance et y réagit de moins en moins fortement. Ce processus a pour effet, si la substance est une drogue, d'entraîner une augmentation de la fréquence des prises et une augmentation des doses.

→ Toxicomanie.

ACCRÉTION PLANÉTAIRE

Formation d'une planète par incorporation de nouveaux objets célestes. On pense actuellement que la Terre, tout comme les autres planètes, s'est formée à partir de l'agglomération de poussières constituant des amas de plus en plus importants. L'eau présente sur Terre provient du dégazage des météorites.

→ Atmosphère primitive.

ACÉTYLCHOLINE (ACh)

Neurotransmetteur produit par certaines synapses. Sa fixation sur la membrane des cellules postsynaptiques provoque l'ouverture de canaux ioniques chimiodépendants. L'acétylcholine est détruite dans la fente synaptique par un enzyme l'acétylcholinestérase.

ACIDE AMINÉ

Molécule possédant une fonction amine (NH_2) et une fonction acide carboxylique (COOH) portées par le même carbone, sa formule est

```
              NH2
             /
R — C
    | \
    H   COOH
```

Il existe 20 radicaux différents. La position des acides aminés dans une chaîne polypeptidique est spécifiée par la séquence des nucléotides de l'ADN du brin transcrit.

ACROCENTRIQUE

Se dit d'un chromosome dont le centromère se situe à l'extrémité de celui-ci.

→ Bras long, bras court.

ACTIVATION DES LYMPHOCYTES B

Passage des lymphocytes B d'un état de repos à un état de grande activité cellulaire et moléculaire. Les lymphocytes B sont activés quand un type d'antigène se fixe sur leurs récepteurs membranaires (IgM, IgD). Ils se multiplient et se différencient en plasmocytes et en lymphocytes B mémoire grâce aux interleukines produites par les LT4.
→ Activation des lymphocytes T.

ACTIVATION DES LYMPHOCYTES T

Passage des lymphocytes T d'un état de repos à un état de grande activité cellulaire et moléculaire. L'activation des LT est déclenchée à la suite d'un contact avec une CPA (Cellule Présentatrice d'Antigène) présentant du soi modifié. Seuls, les lymphocytes T, ayant à leur surface les récepteurs membranaires (T) correspondant au soi modifié présenté par la CPA, vont être activés : ils se multiplient alors et se différencient en LT auxiliaires et en LT cytolytiques.
→ LT4, LT8.

ACTIVATION DES MACROPHAGES

Augmentation de l'activité cellulaire (phagocytose) et moléculaire (digestion, synthèse) des macrophages quand ils se fixent, par l'intermédiaire de leur soi modifié, à un LT4.

ACTIVATION DU COMPLÉMENT

Processus par lequel les protéines solubles du complément, présentes dans le sang, deviennent fonctionnelles à la suite de la fixation de l'une d'entre elles sur le complexe immun. C'est une réaction en chaîne de clivage et de coupure qui conduit à la formation d'un complexe d'attaque membranaire.

ACTUALISME

Théorie supposant que les causes des phénomènes géologiques actuels sont les mêmes que celles ayant agi dans le passé.
Syn. uniformitarisme.

ADAPTATION

1. Mécanisme évolutif déclenché directement ou indirectement par le milieu et qui a pour conséquence d'augmenter la probabilité qu'un être vivant ait une descendance. L'adaptation concerne surtout le génotype ; il s'agit alors d'une ou plusieurs mutations qui provoquent soit une modification d'un caractère (morpho-anatomique, physiologique, biochimique, éthologique, écologique...) qui fait que l'être vivant le possédant augmente sa probabilité de survie dans un milieu donné par rapport à ceux qui ne le possèdent pas, soit lui donne la capacité de s'établir dans une nouvelle niche écologique. Ainsi, cet individu exploitant mieux le milieu laisse une descendance plus nombreuse et plus viable que les autres individus de la population.

2. Dans un sens plus large, le terme d'adaptation s'emploie pour insister sur le fait qu'une espèce possède une caractéristique nécessaire pour vivre dans un milieu donné.

→ Sélection naturelle, évolution.

ADDITION

Insertion d'un ou plusieurs nucléotides dans la molécule d'ADN. Si le nombre de nucléotides insérés n'est pas un multiple de 3, il s'ensuit une modification du cadre de lecture. Si cette addition est un multiple de trois, il y a ajout d'un, deux, trois... acides aminés sans modification du cadre de lecture.

→ Mutation.

ADÉNINE

Base azotée de la famille des bases puriques ; avec un ribose ou un désoxyribose et un à trois acides phosphoriques, l'adénine constitue un nucléotide. Dans l'ADN, elle s'apparie par deux liaisons hydrogène à la thymine ; elle s'apparie avec l'uracile de l'ARNm au cours de la transcription.

ADÉNOSINE TRIPHOSPHATE (ATP)

Nucléotide triphosphate. C'est le donneur d'énergie le plus important des cellules. Son hydrolyse exergonique est couplée à des réactions endergoniques, aux systèmes contractiles (myofilaments), à certains transporteurs membranaires, au fonctionnement de la pompe Na^+/K^+. Sa synthèse est assurée par les mitochondries et les chloroplastes et par des réactions exergoniques du catabolisme (glycolyse).

ADH

Sigle anglais de *« Antidiuretic hormone »*, l'hormone antidiurétique. L'ADH est un peptide produit par la neurohypophyse qui agit sur le rein en facilitant la réabsorption d'eau dans le milieu intérieur. Elle intervient dans la régulation de la pression artérielle. Syn. vasopressine.

ADN

Sigle d'Acide Désoxyribonucléique. Polymère de désoxyribonucléotides. L'ADN est formé de 2 chaînes de désoxyribonucléotides antiparallèles, reliées entre elles par des liaisons hydrogène entre les bases azotées. L'adénine est liée avec la thymine par deux liaisons hydrogène, la guanine à la cytosine par 3 liaisons hydrogène. La séquence de ces paires de bases azotées est le support de l'information génétique. L'ADN se trouve dans le noyau, les mitochondries et les chloroplastes.

ADN POLYMÉRASE
Complexe moléculaire assurant la réplication de la molécule bicaténaire d'ADN.

ADRÉNALINE
Hormone et neurotransmetteur sécrété par des cellules nerveuses de la glande médullosurrénale et par des neurones du système nerveux sympathique. Dans les synapses, l'adrénaline se comporte comme un neurotransmetteur, celle libérée par les médullosurrénales se comporte comme une hormone.

AÉROBIE
Désigne soit un organisme qui a besoin de dioxygène pour vivre, soit un milieu où du dioxygène est présent.
→ Anaérobie.

ÂGE ABSOLU
Temps qui s'est écoulé depuis un événement donné. En géologie, l'âge absolu est mesuré en millions d'années (Ma). Il s'obtient en considérant des phénomènes qui ne sont liés qu'à la durée et dont les caractéristiques sont les mêmes actuellement que celles qu'elles étaient dans le passé. La vitesse de désintégration des atomes radioactifs répond à ce critère.
→ Radiochronologie, actualisme, âge relatif, chronologie.

ÂGE RELATIF
Datation d'un événement de l'histoire de la Terre par rapport à un autre qui est plus récent, plus ancien ou contemporain. Les méthodes de datations stratigraphiques, paléontologiques et structurales (relations géométriques entre les roches) sont des méthodes de datations relatives.
→ Stratigraphie, radiochronologie, actualisme, âge relatif.

AGGLUTINATION, AGGLUTININE
Agglomération de plusieurs cellules ou particules réalisée par des anticorps spécifiques. Les anticorps se comportent comme des agglutinines. Les expériences d'agglutination permettent de mettre en évidence les anticorps.

AGGLUTINOGÈNE
Glycoprotéine (antigènes) de la surface membranaire des hématies capable de réagir de manière spécifique avec une agglutinine. Ce sont ces glycoprotéines qui définissent les groupes sanguins (ABO). Chez les individus O, il n'y a pas d'agglutinogènes.

AGONISTE
Se dit d'une substance qui mime les effets d'un neurotransmetteur ou d'une hormone.
→ Antagoniste.

AIDE À LA PHAGOCYTOSE

Phagocytose facilitée des complexes immuns car les phagocytes reconnaissent plus facilement, par l'intermédiaire de leurs récepteurs Fc, le fragment constant des anticorps que les antigènes solubles. Syn. opsonisation.

AIMANTATION RÉMANENTE

Aimantation qui persiste après la disparition du champ magnétique à l'origine de l'aimantation.
→ Paléomagnétisme.

AIRE CORTICALE

Surface délimitée du cortex cérébral caractérisée à la fois par son architecture (type et architecture des neurones) et sa fonction (aire de projection, aire sensitive, aire motrice...).

ALDOSTÉRONE

Hormone stéroïde produite par le cortex surrénalien, l'aldostérone est impliquée dans la régulation de l'équilibre hydrominéral et donc de la pression artérielle. Elle agit au niveau du rein (néphron) en y provoquant une rétention d'eau. De plus, cette hormone détermine une sensation de soif au niveau des centres hypothalamiques.

ALLÈLE

Séquence d'ADN (gène) située sur le même site chromosomique (locus, pluriel : loci) et correspondant à différentes versions d'un même gène. Les allèles du même gène produisent des protéines qui assurent la même fonction, plus ou moins efficacement, mais qui diffèrent dans leur séquence d'acides aminés.

ALLÈLE DOMINANT

Version d'un gène qui s'exprime toujours au niveau du phénotype. Se dit de l'allèle qui détermine le phénotype d'un individu hétérozygote.
→ Allèle récessif.

ALLÈLE LÉTAL

Allèle qui, à l'état homozygote, provoque une maladie génétique très grave conduisant à la mort à court terme. Syn. allèle morbide.

ALLÈLE NUL

Allèle dont la séquence nucléotidique conduit à l'absence d'une protéine fonctionnelle. Les allèles nuls sont des allèles récessifs. Dans le groupe sanguin ABO, l'allèle « O » n'est pas fonctionnel, c'est-à-dire qu'il ne permet ni la fixation du marqueur A, ni la fixation du marqueur B.

ALLÈLE RÉCESSIF

Version d'un gène qui ne s'exprime pas au niveau du phénotype lorsqu'il est présent à un seul exemplaire dans le génotype (individu hétérozygote). Représenté par une lettre minuscule. Ex. : a, l'allèle dominant associé, est noté a^+.

ALLÈLES CODOMINANTS

Allèles du même gène, présents chez un hétérozygote, qui produisent un phénotype, en général intermédiaire entre ceux des deux homozygotes respectifs. Au niveau biochimique, les deux produits d'expression des gènes sont en principe présents en même quantité. Les allèles A et B des groupes sanguins du système ABO sont codominants.

ALLUVIONS

Sédiments déposés par les cours d'eau dans leur lit, mais aussi en dehors de celui-ci au moment des crues. Les alluvions sont composées, suivant le diamètre décroissant des particules charriées, de galets, de graviers, de sable, d'argiles et de limons.

ALTÉRATION

Changements des propriétés physico-chimiques des minéraux et, par voie de conséquence, des roches qui les contiennent, à la suite de l'action d'agents atmosphériques ou des eaux souterraines...

AMPHÉTAMINES

Médicaments excitant le système nerveux central et augmentant le niveau des activités psychiques et physiques (antifatigues). Les amphétamines agissent soit en provoquant l'exocytose des vésicules de neurotransmetteurs contenues dans les neurones présynaptiques (excitateurs), soit en empêchant leur recapture.

AMYÉLINIQUE

Qualifie un neurone dont l'axone est dépourvu de gaine de myéline (neurones des Invertébrés, fibres C...).

ANAÉROBIE

Désigne soit un organisme qui vit en absence de dioxygène, soit un milieu dépourvu de dioxygène. S'oppose à aérobie.

ANALOGIE

Ressemblance fonctionnelle et morphologique entre des organes ayant des fonctions équivalentes mais n'ayant pas la même origine embryonnaire.
→ Homologie, convergence évolutive.

ANAPHASE

Troisième stade de la mitose et de chaque division de la méiose. Au cours de l'anaphase de la mitose, les chromosomes dupliqués (= à 2 chromatides identiques) se fissurent au niveau du centromère et donnent naissance à deux chromosomes à une chromatide qui se répartissent aux deux pôles de la cellule. Au début de l'anaphase I de méiose, il y a séparation des chromosomes homologues (brassage interchromosomique) ; au début de l'anaphase II de méiose, chaque chromosome à 2 chromatides se fissure au niveau du centromère et les chromosomes à une chromatide migrent soit vers un pôle, soit vers l'autre pôle de la cellule. Cette migration conduit aussi à un brassage interchromosomique s'il y a eu au cours de la prophase I des crossing-over.

ANATEXIE

Processus par lequel des roches fondent totalement ou partiellement lorsqu'elles sont soumises à une augmentation de température à la suite d'un choc (météorites) ou d'un enfouissement profond (zone de subduction et chaînes de montagnes).
→ Métamorphisme.

ANATOXINE

Toxine dont la virulence est atténuée par un traitement approprié, mais qui possède la capacité à stimuler la production d'anticorps contre la toxine initiale (effet imunogène).

ANDALOUSITE

Silicate d'alumine rare dans les roches magmatiques, mais très abondant dans les roches du métamorphisme régional (schistes, micaschistes, gneiss). L'andalousite se forme lors de la cristallisation du silicate d'alumine entre 400 et 900° C pour des pressions modérées n'excédant pas 500 mPa.
→ Disthène, sillimanite.

ANEUPLOIDIE

État d'une cellule ou d'un organisme qui possède un nombre supérieur ou inférieur de chromosomes à celui de l'espèce.
→ Trisomie, monosomie.

ANGIOTENSINE, ANGIOTENSINOGÈNE

Petite molécule peptidique libérée dans le sang et formée à partir de l'angiotensinogène. L'angiotensine est un octopeptide qui est la forme active de la molécule. C'est un puissant vasoconstricteur des parois artérielles. L'angiotensine stimule directement la production d'aldostérone par le cortex adrénalien.

ANISOPAQUE

Se dit d'un pli dont l'épaisseur des couches plissées varie en fonction de leur position.

ANNEXES EMBRYONNAIRES

Feuillets embryonnaires situés en dehors du corps de l'embryon et qui assurent soit la protection de celui-ci vis-à-vis des variations du milieu extérieur, soit des échanges métaboliques entre l'embryon et le milieu (allantoïde, amnios, placenta,...).

ANOMALIE

En géologie, différence observée entre la valeur mesurée d'une variable (champ magnétique terrestre, température, accélération de la pesanteur, vitesse de propagation des ondes...) et la valeur calculée ou théorique de cette même variable en un point donné. Une anomalie peut être soit positive si elle est supérieure à la valeur prévue, soit négative dans le cas contraire.

ANOMALIE CHROMOSOMIQUE

Altération de la morphologie d'un chromosome (translocation, délétion, duplication, inversion) ou du nombre de chromosomes (monosomie, trisomie, polysomie, aneuploïdie).
Syn. aberration chromosomique.

ANTAGONISTE

1. Molécule qui se fixe sur un récepteur et empêche la molécule spécifique de se lier à son site habituel. L'antagoniste n'active pas le récepteur et donc bloque le message au lieu de le transmettre.
2. Muscle antagoniste aux rôles opposés (fléchisseur/extenseur).
→ Agoniste, RU486, antihormone.

ANTÉHYPOPHYSE

Partie antérieure de l'hypophyse, de nature glandulaire, produisant de nombreuses hormones dont la plupart sont sous contrôle hypothalamique : FSH, LH, ACTH, TSH, GH, MSH et prolactine. Syn. adénohypophyse.
→ Hypothalamus, complexe hypothalamo-hypophysaire.

ANTÉMÉTAMORPHE

Caractérise une roche avant qu'elle n'ait connu des événements métamorphiques.

ANTI-HORMONE

Molécule comme la RU 486 (anti-progestérone) qui se fixe sur les récepteurs d'une hormone, mais ne provoque pas la réaction spécifique.
→ Antagoniste, contragestion.

ANTICLINAL

Pli affectant des couches géologiques où les strates les plus anciennes se situent à l'intérieur de la courbure alors que dans un synclinal ce sont les couches les plus récentes qui occupent cette place.

ANTICODON

Triplet de nucléotides porté par un ARNt complémentaire d'un codon de l'ARNm. Il y a 61 anticodons différents.
→ Code génétique.

ANTICORPS

Protéine formée de deux chaînes lourdes et de deux chaînes légères appelée aussi immunoglobuline (Ig). Les anticorps sont sécrétés par les plasmocytes qui dérivent des lymphocytes B. L'organisme peut produire une quasi-infinité d'anticorps différents. Les anticorps sont responsables de l'immunité à médiation humorale.

ANTICORPS MEMBRANAIRE

Immunoglobuline dont le fragment constant est enchâssé dans la membrane des lymphocytes B. Ces Ig sont les récepteurs membranaires B, un LB n'exprime à sa surface qu'une seule catégorie de récepteur B mais à des milliers d'exemplaires.

ANTIGÈNE

N'importe quelle substance capable de provoquer une réponse immunitaire spécifique, soit par la formation d'anticorps circulants soit par l'activation de lymphocytes T auxquels des fragments de l'antigène ont été présentés sous forme de soi modifié.

ANTIGÈNES MAJEURS D'HISTOCOMPATIBILITÉ

→ CMH.

ANTIGÈNES MINEURS D'HISTOCOMPATIBILITÉ

Antigènes définissant les groupes sanguins.
→ Agglutinogènes.

ANTITOXINE

Molécule capable de neutraliser une toxine. Les anticorps sont des antitoxines.

ANXIOLYTIQUES

Famille de médicaments qui apaise l'inquiétude, l'anxiété et l'angoisse. On les appelle aussi tranquillisants (benzodiazépines, barbituriques).

APPAREIL DE GOLGI

Ensemble des dictyosomes d'une cellule.

APPRENTISSAGE DU SOI

Capacité que possède un organisme à éliminer les lymphocytes T et les lymphocytes B capables de réagir avec ses propres antigènes et déterminants antigéniques. Syn. Éducation du soi.

ARBORISATION TERMINALE

Extrémité ramifiée d'un neurone qui établit des synapses avec des neurones ou d'autres cellules qui sont alors des cellules effectrices.

ARBRE

Méthode de représentation graphique des relations entre différents êtres vivants que l'on relie entre eux en fonction de leur degré de parenté. Suivant la manière dont les arbres sont élaborés, les arbres phylogénétiques ou arbres phylétiques ne donnent pas toujours les mêmes résultats. Les dendrogrammes sont des arbres exprimant les relations de parenté entre espèces sous la forme d'une succession de branchements dont les extrémités sont les espèces considérées. Le cladogramme est un arbre traduisant les relations phylogénétiques entre les espèces ; les points de branchements ou nœuds correspondent à une ou des caractéristiques possédées par un ancêtre commun inconnu qui seront présentes chez tous ses descendants et rien que chez eux.

ARBRE GÉNÉALOGIQUE

Représentation conventionnelle des liens parentaux qui unissent les différents membres d'une famille. On représente, les hommes par des carrés, les femmes par des cercles, les individus atteints d'une maladie génétique par un signe dans le symbole précédent. Une barre horizontale, reliant un individu de sexe féminin à un individu de sexe masculin, représente une union. Du milieu de cette barre horizontale se détachent des ramifications qui représentent la descendance (fratrie). Les chiffres romains indiquent les numéros des générations, les chiffres arabes, le numéro de l'individu dans la génération.

ARC RÉFLEXE

Unité fonctionnelle du système nerveux comprenant un récepteur sensoriel, un organe effecteur (muscle, glande) et un circuit de neurones véhiculant l'information sensorielle au système nerveux central et de ce centre nerveux aux organes effecteurs. → Réflexe.

ARGILE

Terme employé pour désigner soit des minéraux soit des roches sédimentaires composées d'une grande proportion de ces minéraux dits argileux, soit enfin une fraction granulométrique de minéraux inférieure à 3,9 µm.

ARN

Sigle de Acide RiboNucléique. Polymère de ribonucléotides. Il existe des ARNm, ARNt, ARNr. Les ARN sont le résultat de la transcription des gènes et seront traduits sur les ribosomes. Les ARNt (ARN de transfert) portent à une de leurs extrémités un acide aminé spécifique de l'anticodon qu'il possède à l'extrémité opposée. Les ARNr (ARN ribosomaux) forment avec des protéines les ribosomes.

ARTEFACT DE STIMULATION

Perturbation locale d'un enregistrement électrique à la suite de l'intervention directe de l'expérimentateur.

ARTÈRE

Vaisseau sanguin conduisant le sang des ventricules aux organes. Les artères possèdent dans leur paroi plus ou moins élastiques des fibres musculaires lisses qui leur permettent de changer de diamètre.

ARTÈRE CAROTIDE

Artère issue de la crosse aortique et qui irrigue la tête. À la séparation entre chaque carotide externe et interne se situe le sinus carotidien qui contient des barorécepteurs et des chémorécepteurs.

→ Nerf de Hering.

ARTÉRIOLE

Petite artère située juste en amont des réseaux de capillaires. les artérioles possèdent une paroi riche en fibres musculaires lisses qui, en se contractant, sont responsables de la vasoconstriction locale, elles participent donc à la régulation de la pression artérielle.

ASCOPSORE

Spore produite par des champignons dans des organes appelés asques. Les spores proviennent d'une méiose, elles sont donc haploïdes.

ASQUE

Sac allongé produit par certains champignons. L'asque contient huit ascospores qui proviennent de la méiose de la cellule œuf. À cette méiose succède une mitose classique conduisant de 4 à 8 ascospores. Les asques de *Neurospora* sont ordonnés et traduisent, par les phénotypes des ascospores qui correspondent aux génotypes, la migration des chromosomes au cours des deux divisions de méiose.

ASQUE ORDONNÉ

Asque dont la disposition des ascospores traduit les mouvements des chromosomes au cours des deux divisions de la méiose.
→ Préréduction, postréduction.

ASSIMILATION

1. Chez les autotrophes au carbone, capacité à intégrer du dioxyde de carbone à des molécules organiques.
→ Cycle de Calvin, photosynthèse.
2. Chez les hétérotrophes au carbone, capacité d'intégrer à ses propres biomolécules des molécules provenant de la digestion ou à les utiliser pour se procurer de l'énergie.
→ Respiration.

ASSOCIATION MINÉRALE

Présence concomitante de certains minéraux dans une roche qui reflète une communauté d'origine. Dans les roches magmatiques, les minéraux stables, dans des conditions définies de pression et de température, forment une association minérale.

ASTHÉNOSPHÈRE

Partie moyenne du manteau supérieur, située sous la lithosphère et s'étendant de 100 km à 400 km de profondeur, sa température passe de 1 200 à 1 400 °C. En se refroidissant, la partie supérieure de l'asthénosphère donne naissance à la base de la lithosphère qui s'épaissit.
→ Manteau, tectonique des plaques, croûte terrestre, dorsale océanique, courant de convection.

ATMOSPHÈRE PRIMITIVE

Enveloppe gazeuse terrestre produite par dégazage au début de la formation de la Terre. On admet actuellement que l'atmosphère primitive était réductrice (dépourvue de dioxygène) et contenait du dihydrogène, du méthane, de l'ammoniac, de l'eau, du dioxyde de carbone et du diazote.
→ Accréation planétaire, expériences de Miller.

AURÉOLE DE MÉTAMORPHISME

Zone plus ou moins circulaire, ayant pour centre un massif plutonique, où les roches encaissantes et celles situées à quelques centaines de mètres autour ont été métamorphisées sous l'effet de la chaleur apportée par le magma qui s'est progressivement refroidi.

AUSTRALOPITHÈQUES

Primates anthropomorphes atteignant pour les plus grandes espèces 1,50 m de hauteur. Les australopithèques présentent une bipédie permanente qui les font classer, avec le genre

Homo, dans la famille des hominidés, une face proche de celle du chimpanzé et une capacité crânienne comprise, suivant les espèces, entre 400 et 530 centimètres cubes. Les australopithèques sont apparus en Afrique australe et en Afrique de l'Est, il y a quelque 4,5 millions d'années.

AUTO-IMMUNITÉ

Condition dans laquelle l'organisme réagit contre ses propres composants.
→ Maladie auto-immune.

AUTORADIOGRAPHIE

Technique par laquelle il est possible de localiser de grosses molécules ou différents composés cellulaires. L'autoradiographie nécessite l'incorporation d'atomes radioactifs à la place d'atomes non radioactifs de leurs molécules. La préparation est alors disposée sur un film photographique qui sera impressionné par les rayonnements là où se trouvent les molécules marquées.

AUTOSOME

N'importe quel chromosome autre que les chromosomes sexuels. Les autosomes sont strictement homologues, c'est-à-dire qu'ils possèdent la même succession de loci.
→ Hétérochromosome.

AUTOTROPHIE

Propriété d'un être vivant qui consiste à fabriquer de la matière organique à partir de matière minérale et d'énergie.
→ Hétérotrophie, photosynthèse.

AXONE

Partie allongée d'un neurone qui propage l'influx nerveux. Dans un neurone typique, la membrane de l'axone véhicule le message nerveux du corps cellulaire vers l'arborisation terminale.

B

BACK-CROSS

Terme anglais qui désigne un croisement en retour, c'est-à-dire le croisement d'un individu F1 avec un des parents. Quand on croise avec le parent récessif, il s'agit d'un test-cross ou croisement-test.

BACTÉRIE

Être vivant unicellulaire, procaryote, c'est-à-dire qui est dépourvu de systèmes membranaires internes (noyau, chloroplastes, mitochondries, réticulum endoplasmique, appareil de Golgi...). Les bactéries possèdent, à côté de leur chromosome bactérien, de nombreuses molécules d'ADN circulaire appelées plasmides.

BANC

Couche sédimentaire bien délimitée des ensembles parallèles situés au-dessus ou au-dessous. On réserve plutôt ce terme aux couches durcies comme les grès, les calcaires.

BARORÉCEPTEUR

Structure sensorielle qui transforme des variations de pression en message nerveux. Il existe des barorécepteurs dans le sinus carotidien et dans la crosse aortique. Les barorécepteurs des artères sont en fait des tensio- ou mécanorécepteurs qui sont sensibles à une distention de la paroi artérielle.
→ Nerf de Hering, nerf de Cyon.

BASALTE

Roche magmatique effusive, ayant pour équivalent grenu le gabbro, très répandue plus particulièrement sur les planchers océaniques. C'est une roche noire, microlitique, contenant parfois quelques petits cristaux millimétriques. Les basaltes sont pauvres en silice mais contiennent de nombreux feldspaths et d'autres minéraux comme l'olivine et les pyroxènes.

BASE PURIQUE

Molécule contenant de l'azote et entrant dans la constitution des nucléotides et des nucléosides. Les bases puriques sont des molécules formées par deux cycles adjacents, ce sont des bases azotées. La guanine et la cytosine sont les deux bases puriques.
→ Complémentarité des bases, ADN.

BASE PYRIMIDIQUE

Molécule contenant de l'azote et entrant dans la constitution des nucléotides et des nucléosides. Les bases pyrimidiques sont des molécules formées par un cycle, ce sont des bases azotées. La thymine, l'uracile et la guanine sont les trois bases pyrimidiques rencontrées dans les acides nucléiques.
→ Appariement des bases.

BASOPHILE

Se dit de certaines catégories de granulocytes ou polynucléaires. Les granulocytes basophiles comptent pour 0,5 % des leucocytes, leurs granules cytoplasmiques contiennent des médiateurs de l'inflammation.

BASSIN SÉDIMENTAIRE

Dépression de forme et de taille plus ou moins variables, située sur un continent ou à sa bordure dans laquelle de grandes quantités de sédiments, en général marins, se sont déposés ou se déposent encore.

BICATÉNAIRE

Se dit d'un acide nucléique (ADN) formé par deux brins complémentaires reliés entre eux par les liaisons hydrogène entre les bases azotées.

BIFACE

Outil fabriqué en général à partir de silex, taillé sur deux faces, de taille variable, en forme de triangle allongé caractérisant plus particulièrement les industries du Paléolithique moyen.

BIG BANG

Théorie supposant que toute la matière et l'énergie de l'Univers étaient concentrées et qu'une gigantesque explosion a tout dispersé dans toutes les directions. La mesure de la vitesse d'éloignement des galaxies a permis de fixer cet événement à environ 15 Ga.

BIOCATALYSEUR

Molécule produite par un être vivant, conformément à son programme génétique, et qui réalise une réaction enzymatique. Les enzymes sont des biocatalyseurs.

BIOCÉNOSE

Ensemble des êtres vivants rencontrés dans un biotope donné. Avec le milieu, la biocénose forme l'écosystème qui se caractérise par les différentes relations existant entre les êtres vivants entre eux et avec leur milieu. La biocénose comprend toujours des producteurs primaires (autotrophie au carbone), différentes catégories de consommateurs et des décomposeurs qui recyclent la matière organique en matière minérale.

BIODIVERSITÉ

Terme employé pour désigner le nombre total d'espèces (microorganismes, végétaux chlorophylliens, animaux, champignons) présentes dans un milieu et, par extension, sur la Terre.

BIOMASSE

Masse totale des organismes présents dans un écosystème.

BIOSPHÈRE

Ensemble des différents milieux de la Terre où la vie est possible de manière continue.

BIOSYNTHÈSE

Fabrication d'une molécule organique par un être vivant à l'aide d'une suite de réactions enzymatiques.

BIPÉDIE

Capacité de marcher de manière permanente sur les membres postérieurs. Les australopithèques et les différentes espèces du genre *Homo* présentent cette particularité alors que les chimpanzés présentent une bipédie occasionnelle. L'acquisition de la bipédie a modifié considérablement le squelette de leur ancêtre commun. Actuellement, on ne connaît pas de fossile qui présente une situation intermédiaire entre le squelette d'un australopithèque et celui d'un animal pratiquant la marche sur le dos des phalanges comme les chimpanzés.

BIVALENT

Structure formée de deux chromosomes homologues appariés qui contient les 4 chromatides (2 chromatides pour chaque homologue). Les bivalents se forment au cours de la prophase de première division de méiose et persistent jusqu'au début de l'anaphase I quand les deux homologues qui les composent se disjoignent. Syn. tétrade.

BOUE

Sédiment gorgé d'eau dont les particules solides ont une taille inférieure à 64 µm de diamètre. Les boues sont peu cohérentes, instables et s'écoulent facilement, c'est une des formes de sédimentation typique dans les bassins océaniques se faisant à une vitesse moyenne de 1 mm par 1 000 ans.

BOUTON SYNAPTIQUE

Extrémité aplatie d'un élément de l'arborisation terminale d'un neurone qui forme une synapse avec une autre cellule (neurones, cellule musculaire..).

BRADYCARDIE

Ralentissement des pulsations cardiaques au-dessous de 60 par minute. Le rythme normal est de 75 cycles par minute, mais diminue avec l'âge.

BRAS COURT

Dans un chromosome télocentrique ou submétacentrique désigne la partie de la chromatide la plus petite. Le bras court est désigné par la lettre p.

BRAS LONG

Dans un chromosome télocentrique, acrocentrique ou submétacentrique désigne la partie de la chromatide la plus longue. Le bras long est désigné par la lettre q.

BRASSAGE INTERCHROMOSOMIQUE

Répartition aléatoire, au cours de l'anaphase, de la première division de méiose des chromosomes dupliqués (chromosome bichromatidien) de chaque paire. Pour 2n = 46, le nombre de combinaison est de 2^{23}. Il existe aussi un brassage interchromosomique au cours de la seconde division de méiose où chaque chromatide recombinée du chromosome homologue peut partir vers chaque pôle de la cellule.
→ Anaphase.

BRASSAGE INTRACHROMOSOMIQUE

Réassociation, au cours de la prophase de première division de méiose, de fragments de chromatides homologues qui se sont cassées, puis recollées, ce qui conduit à des chromosomes recombinés ou réassociés.
→ Crossing-over, brassage interchromosomique, gènes liés.

BRIN

Chaîne de désoxyribonucléotides ou de ribonucléotides. Un acide nucléique simple brin est dit monocaténaire.

BRIN CODANT

Brin d'ADN qui a la même séquence (à l'exception de T) que l'ARNm. On emploiera de préférence le terme brin non transcrit qui évite les ambiguïtés.

BRIN NON CODANT

Brin d'ADN qui est transcrit en ARN, ces deux brins d'acide nucléique ont donc des séquences complémentaires. On évitera l'emploi de ce terme, qui prête à confusion, pour utiliser celui de brin transcrit.

BRIN TRANSCRIT

Brin d'ADN qui sert de matrice à la formation des ARN.

BULBE RACHIDIEN

Partie la plus postérieure du cerveau, le bulbe rachidien est situé juste au-dessus de la moelle épinière. Il est en partie sous la dépendance des centres nerveux supérieurs, mais il assure à lui tout seul la rythmicité respiratoire, la rythmicité cardiaque et la régulation de la contraction des muscles lisses entourant les artères.

C

CADRE DE LECTURE

Ordre des nucléotides groupés par triplet sur un ARNm (codon). Le cadre de lecture est déterminé par le codon d'ini-

tiation (AUG). Son positionnement dans le site A du ribosome va définir les triplets suivants jusqu'au codon stop.
→ Code génétique.

CALCAIRE

Roche sédimentaire, carbonatée contenant au moins 50 % de carbonate de calcium $CaCO_3$. Les calcaires sont des roches peu dures, rayables à l'ongle, de couleur claire, faisant effervescence à l'acide chlorhydrique dilué. Les calcaires contiennent très souvent de nombreux fossiles et sont donc très importants pour la datation des couches.

CAM

Sigle de Complexe d'Attaque Membranaire.
→ Canal lytique, perforine.

CANAL LYTIQUE

Ouverture formée dans la membrane d'une cellule infectée (virus, bactérie) ou cancéreuse par l'action d'un lymphocyte cytolytique qui insère une protéine, la perforine, qui forme un canal laissant passer de l'eau et fuir le contenu cellulaire. La cellule subit un choc hypotonique et éclate.
→ Complexe d'attaque membranaire, perforine.

CANAL DE FUITE K^+

Protéines transmembranaires qui laissent passer en permanence les ions K^+ suivant leur gradient de concentration. Ainsi, les ions K^+ intracellulaires ont tendance à sortir.

CANAL IONIQUE

Passage, de nature protéique, présent dans la membrane des cellules et qui laisse passer différents ions. Dans le neurone, on distingue des canaux (ioniques) « voltage-dépendants » et des canaux (ioniques) chimiodépendants.
→ Courant entrant, courant sortant.

CANAL IONIQUE CHIMIODÉPENDANT

Protéines transmembranaires associées à un récepteur sur lequel se fixe un neurotransmetteur (d'où le terme de chimiodépendant). La fixation de cette molécule déclenche un changement conformationnel dans la protéine canal, ce qui entraîne son ouverture. Ce type de canaux se trouve sur les membranes postsynaptiques.

CANAL IONIQUE VOLTAGE-DÉPENDANT

Protéines transmembranaires permettant une diffusion d'un type d'ions (Na^+, K^+, Ca^{2+}). Leur ouverture est fonction du potentiel de membrane.

CANAL K^+ VOLTAGE-DÉPENDANT

Canal ionique voltage-dépendant dont l'ouverture est déclenchée par la dépolarisation progressive de la membrane du neurone à la suite de l'ouverture des canaux Na^+. Les K^+ sortants repolarisent la membrane.

CANAL NA^+ VOLTAGE-DÉPENDANT

Canal voltage-dépendant qui laisse entrer par diffusion des ions Na^+. Leur entrée dans le neurone provoque une dépolarisation de la membrane. Ces canaux se situent le long de la membrane des dendrites et des axones. Dans les axones myélinisés, ces canaux Na^+ ne se situent qu'au niveau des nœuds de Ranvier. Leur ouverture et leur fermeture successives sont responsables de la conduction du message nerveux.

CANCER

Prolifération incontrôlée des cellules qui ont tendance à se détacher (elles sont dites malignes) et à s'implanter dans d'autres parties du corps où elles forment des métastases.

CANNABIS

Drogue extraite du chanvre indien (*Cannabis sativa*) connue également sous le nom de marijuana, kif, haschisch... Le cannabis induit des états d'euphorie, une tendance au rire sans raisons, un sentiment d'insouciance, accompagnés parfois d'une augmentation de l'acuité sensorielle et d'une tendance à la somnolence.

CAPILLAIRE

Vaisseau sanguin de très petit diamètre situé dans les organes. Les capillaires sont localisés entre les artérioles et les veinules.

CARACTÈRE QUALITATIF

Caractère phénotypique héritable qui existe sous des états parfaitement définis sans aucun intermédiaire. En génétique formelle, les caractères qualitatifs se traitent, en première approximation, comme s'ils ne dépendaient que d'un seul gène, c'est-à-dire du fonctionnement d'un seul enzyme.

CARACTÈRE QUANTITATIF

Caractère phénotypique déterminé par les effets coordonnées de plusieurs gènes et dans une certaine mesure par le milieu. Les caractères quantitatifs possèdent une variation continue qui ne peut être mesurée que par une échelle de valeur (taille, poids, couleur de la peau...).

CARBONE MINÉRAL

Atome de carbone qui fait partie de la molécule de dioxyde de carbone.

CARBONE ORGANIQUE

Atome de carbone faisant partie de la matière organique.

CARBONE 14

Isotope radioactif du carbone. Le carbone 14 possède une période de 5 570 ans. Il se forme spontanément dans la haute atmosphère à partir de l'azote 14 et se désintègre en azote en émettant un rayonnement β. Après la mort d'un organisme, le carbone 14 n'est plus renouvelé, sa quantité décroît donc avec le temps ; il est alors possible, connaissant sa période, d'estimer l'âge de sa mort.

CARTE DE RESTRICTION

Caractérisation d'une région de l'ADN par le nombre et la position relative des différents sites de coupure spécifique pour un enzyme de restriction donné.
→ Site de restriction.

CARTE GÉNÉTIQUE

Représentation d'un chromosome indiquant la position relative des loci les uns par rapport aux autres. Les distances entre les gènes sont le reflet des pourcentages de recombinaison, elles fluctuent autour d'une valeur moyenne. Elles sont exprimées en centimorgans ou en morgans.

CARTE PHYSIQUE

Carte d'un chromosome représentant la position exacte des différents loci connus. La longueur des gènes et les distances les séparant les uns des autres sont exprimées en kilobases.

CARYOGAMIE

Fusion des lots de chromosomes haploïdes de chaque gamète en un seul noyau qui sera donc diploïde. La caryogamie donne naissance au zygote.
→ Fécondation.

CARYOTYPE

Présentation photographique ou dessinée du nombre et de la forme des chromosomes ; le caryotype est caractéristique de l'espèce. Il est réalisé à partir de culture de cellules que l'on a bloquées en métaphase de mitose par un traitement approprié. Les chromosomes dupliqués sont alors pourvus de

2 chromatides identiques. Les chromosomes sont classés suivant leur taille, du plus petit au plus grand, en commençant par les chromosomes métacentriques.

CATABOLISME

Ensemble des voies de dégradation de molécules d'origine alimentaire ou de réserve conduisant à la libération d'énergie utilisée pour synthétiser de l'ATP. La glycolyse, les fermentations, la respiration sont des voies du catabolisme énergétique.

CATALYSEUR

Substance qui accélère des réactions chimiques mais qui n'est pas transformée après la réaction. Il existe des catalyseurs métalliques (zinc, platine...) et des biocatalyseurs, comme les enzymes, qui sont des macromolécules fabriquées par les êtres vivants.

CD4

Protéine (récepteur) exprimée à la surface de tous les lymphocytes T auxiliaires. Le récepteur CD4 est complémentaire de la protéine de surface gp 120 du virus du sida.

CD8

Protéine (récepteur) exprimée par tous les lymphocytes T8.

CELLULE

La plus petite unité constitutive et fonctionnelle d'un être vivant, c'est-à-dire d'un système moléculaire capable de métabolisme (assimilation), de croissance et de reproduction. La cellule est limitée par une membrane plasmique qui enferme un gel, le cytoplasme. On distingue deux catégories de cellules en fonction de la présence (cellule eucaryote) ou de l'absence de réseau membranaire interne (organites des cellules eucaryotes absents chez les cellules procaryotes).

CELLULE CIBLE

Cellule possédant des récepteurs spécifiques à une hormone donnée. Ces récepteurs peuvent être membranaires ou intracellulaires.

CELLULE DE SCHWANN

Cellule entourant certaines catégories de neurone. Les cellules de Schwann forment une gaine de myéline qui est un isolant électrique.

CELLULE GERMINALE

Cellule à l'origine des gamètes (= gonies). Chez l'homme, les spermatogonies se multiplient de la puberté à la sénescence ; en revanche, la femme naît avec son stock définitif d'ovogonies.

CELLULE IMMUNOCOMPÉTENTE

Cellule capable de produire une réponse immunitaire spécifique (LB, LT) à la suite d'une rencontre avec un antigène ou du soi modifié.

CELLULE PRÉSENTATRICE D'ANTIGÈNE (CPA)

Cellule capable d'associer, dans son cytoplasme, un fragment d'antigène (peptide) en provenance d'un élément du non-soi qui a été phagocyté aux antigènes du CMH. Cet ensemble, appelé le soi modifié, est exporté vers la membrane plasmique où il va déclencher une réponse immunitaire spécifique. Les macrophages sont les principales CPA. Ils présentent des fragments d'antigènes étrangers, sous forme de soi modifié, aussi bien aux LT8 qu'aux LT4. Les cellules infectées par un virus se comportent aussi comme des CPA.

CENTIMORGAN

Unité de recombinaison génétique. Le centimorgan correspond à un pour-cent de recombinaison. Ainsi, pour 100 gamètes haploïdes produits par méiose, l'un d'entre eux présentera une réassociation d'allèles résultant d'un brassage intrachromosomique.

CENTRE CARDIOACCÉLÉRATEUR ET VASOMOTEUR

Centre sous-bulbaire du système nerveux sympathique qui est situé dans la partie antérieure de la moelle épinière. Ce centre reçoit des informations en provenance du centre sympathique vasomoteur qui est lui-même en relation avec le centre parasympathique cardiomodérateur.

→ Centre intégrateur hypothalamo-bulbaire.

CENTRE CARDIOMODÉRATEUR

Centre sous-bulbaire du système nerveux parasympathique qui reçoit des informations relatives à la pression artérielle par les nerfs de Ludwig-Cyon et les nerfs de Hering. Il est relié par des interneurones au noyau du nerf vague.

→ Centre intégrateur hypothalamo-bulbaire.

CENTRE INTÉGRATEUR HYPOTHALAMO-BULBAIRE

Centre nerveux responsable du contrôle de la pression artérielle par voie nerveuse. Il est formé par plusieurs centres ou noyaux dont les rôles sont différents. Le centre cardiomodérateur reçoit des informations sensorielles en provenance des sinus carotidiens (nerfs de Hering) et de la crosse aortique (nerfs de Ludwig-Cyon). Les messages sensoriels provenant des nerfs de Ludwig-Cyon et de Hering arrivent, par l'interméddiaire de neurones d'association inhibiteurs, sur un autre centre nerveux du bulbe, le centre vasomoteur qui est en relation avec le centre cardioaccélérateur et vasomoteur sous-bulbaire.

CENTRE NERVEUX

Lieu où s'établissent les synapses entre les neurones. Dans le système nerveux central, les centres nerveux sont constitués par les regroupements des corps cellulaires des neurones. Comme ces corps cellulaires sont dépourvus de gaine de myéline, ils forment dans l'encéphale la substance grise. Dans le système nerveux périphérique, les corps cellulaires des neurones forment des ganglions sur le trajet des nerfs.

CENTRE VASOMOTEUR

Relais synaptique bulbaire entre le centre cardiomodérateur et le centre cardioaccélérateur et vasoconstricteur. Il est lié au centre cardiomodérateur par des neurones inhibiteurs qui, lors de l'arrivée de message nerveux par les nerfs de Ludwig-Cyon et de Hering signalant une hypertension, vont empêcher l'action du centre cardioaccélérateur et vasoconstricteur.
→ Centre intégrateur hypothalamo-bulbaire.

CENTROMÈRE

Zone hypercondensée du chromosome où se fixent les fibres motrices du fuseau de division cellulaire. Le centromère est la zone de jonction entre les deux chromatides d'un même chromosome homologue. Sa position définit le type de chromosome.

CHAÎNE LÉGÈRE

Chaîne polypeptidique d'environ 220 acides aminés, appelée aussi chaîne L (L pour *Light*). Les chaînes légères constituent une des deux catégories de chaînes polypeptidiques constituant la molécule d'immunoglobuline. Elle est formée par une région de 110 acides aminés commune à toutes les chaînes L, et appelée pour cette raison région constante, et une région variable, qui différencie toutes les chaînes légères produites par les différents clones de lymphocytes B.
→ Gènes des immunoglobulines.

CHAÎNE LOURDE

Chaîne polypeptidique d'environ 440 acides aminés, appelée aussi chaîne H (H pour *Heavy*). Les chaînes lourdes constituent une des deux catégories de chaînes présentes dans une immunoglobuline. Elle est formée par une région variable de 110 acides aminés et 3 ou 4 régions constantes (IgG, IgM) de même longueur. Il existe 5 types de régions constantes, mais au sein d'une chaîne lourde donnée, les 3 ou 4 régions constantes sont identiques.

CHAÎNE POLYPEPTIDIQUE

Enchaînement linéaire d'acides aminés reliés entre eux par des liaisons peptidiques. Les chaînes polypeptidiques résultent de la traduction, sur les ribosomes, du message codé par les ARNm.

CHAÎNE DE MONTAGNES

Relief d'altitude plus ou moins élevée, long de quelques centaines de kilomètres à quelques milliers de kilomètres et d'une largeur nettement inférieure. Les caractéristiques et la répartition des chaînes de montagnes s'expliquent facilement dans le cadre de la théorie de la tectonique des plaques.

CHAÎNE NERVEUSE VENTRALE

Ensemble des ganglions, reliés entre eux par des nerfs, situé ventralement par rapport au tube digestif chez les invertébrés. La chaîne nerveuse ventrale a une fonction équivalente à la moelle épinière des vertébrés.
→ Nerf cercal, nerf paracercal.

CHAÎNON MANQUANT

Fossile hypothétique qui est supposé combler une lacune morpho-anatomique entre deux plans d'organisation. Le chaînon manquant doit posséder des caractéristiques des deux groupes qu'il est censé relier.

CHALEUR

1. Phénomène physique dû aux différents mouvements des molécules (rotation, déplacement). La chaleur est la grandeur physique qui mesure l'énergie thermique d'un système. Son unité de mesure est le joule. La chaleur correspond à un travail.
2. État ou période de la vie d'une femelle de Mammifères quand celle-ci est apte à être fécondée. Syn. œstrus, rut.

CHALEUR INITIALE

Chaleur emmagasinée par la Terre au moment de sa formation et provenant du phénomène d'accrétion météoritique. On estime que cette chaleur s'est dissipée en 600 à 800 Ma.

CHAMBRE MAGMATIQUE

Cavité de quelques kilomètres cubes de la lithosphère située à l'aplomb d'un rift ou d'un volcan et dans laquelle se trouve du magma.

CHANGEMENT CONFORMATIONNEL

Modification de la forme d'une molécule à la suite de la fixation d'une autre molécule appelée ligand : substrat pour un enzyme, antigène pour un anticorps, hormone pour un récepteur.

CHARNIÈRE

Partie du pli d'une série sédimentaire où la courbure est maximale.

CHÉMORÉCEPTEUR

Terminaison nerveuse sensible à la composition chimique du milieu comme les bourgeons gustatifs ou les cellules sensorielles de la muqueuse nasale. Il existe des chémorécepteurs dans la crosse aortique et dans les sinus carotidiens qui sont sensibles aux variations de pH et des pressions partielles en O_2 et CO_2.

CHEVAUCHEMENT

Résultat d'un mouvement tectonique qui a conduit un ensemble de terrains à en recouvrir un autre.

CHIASMA

Figure observée sur des chromosomes en prophase de première division de méiose où les chromatides d'un bivalent s'entrecroisent. C'est durant ce phénomène que se produisent des cassures et des recollements de chromatides conduisant à la formation de chromosomes remaniés.
→ Crossing-over, brassage intrachromosomique.

CHIMIOTACTISME

Propriété d'une cellule d'être attirée (chimiotactisme positif) ou au contraire de s'éloigner (chimiotactisme négatif) en présence d'une substance chimique spécifique.

CHLOROPHYLLE

Pigment photosynthétique de couleur verte qui absorbe principalement les radiations lumineuses dans le violet, le bleu et le rouge. En présence de lumière, la chlorophylle devient excitée et perd un électron qu'elle récupère par photodissociation de la molécule d'eau, ce qui conduit à la libération de dioxygène typique de l'atmosphère terrestre.

CHLOROPLASTE

Organite cellulaire délimité par une double membrane (enveloppe) qui contient la chlorophylle. Dans les chloroplastes se déroule la photosynthèse.

CHONDRITE CARBONÉE

Météorite pierreuse qui peut contenir jusqu'à 5 % de matière organique (acides aminés, acides carboxyliques, bases azotées...).

CHOQUÉ

Désigne un objet et plus particulièrement un minéral dont la structure présente les traces évidentes d'un choc particulièrement violent tel que celui que pourrait engendrer une météorite percutant la Terre.

CHORÉE DE HUNTINGTON

Plus connue sous le nom de danse de Saint-Guy, c'est une maladie héréditaire due à l'existence d'un allèle autosomique dominant. Cette maladie ne se développe que chez les personnes âgées de plus de 40 ans et se traduit par des gestes incohérents et anormaux quand le sujet est éveillé ; de plus, un déficit mental progressif s'installe.

CHROMATIDE

Produit de la duplication d'un chromosome, une chromatide ne contient qu'une molécule d'ADN.

CHROMATIDE NON-SŒUR

Chromatide appartenant aux deux chromosomes homologues d'un même bivalent.
→ Chromatide sœur.

CHROMATIDE SŒUR

Chacune des deux copies d'un chromosome produites à la suite de sa réplication. Le chromosome est formé par les deux chromatides sœurs reliées entre elles par le centromère.
→ Chromatide non-sœur.

CHROMATINE

Ensemble formé par la molécule d'ADN et les protéines nucléaires (histones) sur lesquelles elle s'enroule. La chromatine correspond aux chromosomes décondensés durant l'interphase. Syn. fibre nucléosomique.

CHROMOSOME

Architecture que prend la fibre de chromatine (ADN + histones) quand elle s'enroule sur les protéines du squelette du chromosome au cours des divisions cellulaires.
→ Acrocentrique, télocentrique, métacentrique, caryotype.

CHROMOSOME BACTÉRIEN

Molécule d'ADN circulaire qui constitue l'essentiel du matériel génétique des bactéries. Contrairement aux chromosomes des cellules eucaryotes, cet ADN bactérien n'est pas associé à des protéines de type histone, il est nu.

CHROMOSOME PARENTAL

Chromosome présent dans un gamète qui possède le même assortiment d'allèles que le chromosome du parent considéré.
→ Chromosome recombiné.

CHROMOSOME RECOMBINÉ

Chromosome présent dans un gamète et possédant un assortiment d'allèles qui diffère de celui trouvé sur les chromosomes des parents. Il y a donc eu échange de portions de chromatides entre les deux homologues.
→ Chromosome parental, crossing-over.

CHROMOSOME X, Y, CHROMOSOME SEXUEL

Voir hétérochromosome.

CHROMOSOMES HOMOLOGUES

Chromosomes identiques par la taille et la forme, portant la même succession de loci, mais pas obligatoirement les mêmes allèles pour chaque gène. Ils ne sont donc que semblables qualitativement.

CHRONOLOGIE

Établissement, à partir de la connaissance des âges, de la succession d'événements. On distingue une chronologie relative, basée sur les âges relatifs et une chronologie « absolue », basée sur les âges radiométriques.
→ Stratigraphie, radiochronologie, âge absolu, âge relatif.

CLADOGRAMME

Arbre traduisant les relations de parenté entre les taxons ; les points de branchements ou nœuds correspondent à une ou des caractéristiques possédées par un ancêtre commun inconnu qui seront présentes chez tous leurs descendants et rien que chez eux.

CLASSIFICATION

Opération consistant à regrouper les êtres vivants en fonction de leur parenté évolutive dans un système hiérarchique, en utilisant des moyens de « discrimination » de plus en plus précis. Ainsi, les grandes coupures du monde vivant constituent les règnes (procaryoles, animal, végétal, champignon), qui sont eux-mêmes subdivisés en embranchements, les embranchements en classes, les classes en ordres, les ordres en familles, les familles en genres, les genres en espèces.
→ Arbre, cladogramme.

CLONAGE

1. Formation d'un clone d'individus ou de cellules génétiquement identiques.

2. Isolement, insertion puis introduction d'un fragment plus ou moins long d'ADN dans l'ADN d'une autre cellule (bactéries ou levures) qui, en se multipliant, multipliera le fragment inséré.
→ Génie génétique.

CLONE

Toutes les cellules issues d'une cellule souche. Aux erreurs de réplication de l'ADN près, elles sont identiques.

COACERVAT

Sphérule délimitée du milieu extérieur par une barrière. Le coacervat est un prototype des étapes hypothétiques conduisant à une cellule. Suivant les conditions expérimentales, un coacervat peut prélever de la matière dans le milieu extérieur, croître et même bourgeonner.

COCAÏNE

Drogue extraite à partir des feuilles du coca, un arbuste d'Amérique du Sud (*Erythroxylon coca*), elle peut aussi être synthétisée. La cocaïne agit par une activité psychotrope qui provoque un effet stimulant (hyperloquacité, excitation du psychisme et des activités intellectuelles, diminution de la sensation de fatigue).

COCCOLITHOPHORIDÉS, COCCOLITHE

Algues calcaires unicellulaires, marines n'excédant pas le centième de millimètre de diamètre et vivant dans une enveloppe sphérique formée par une vingtaine de petites plaques calcaires, les coccolithes. Ces algues, connues depuis le Paléozoïque, ont formé dans les mers peu profondes, plus particulièrement à la fin du Secondaire, de gigantesques dépôts à l'origine de la craie.

CODAGE

Transformation d'un message selon un ensemble de règles d'équivalence entre signes et d'autres signes, tout en conservant le sens initial en vue de sa transmission. Il existe des codages en modulation de fréquence et en modulation d'amplitude.

CODE GÉNÉTIQUE

Tableau à 64 cases donnant l'équivalence entre les triplets ou codons des ARNm et les acides aminés (+ 3 codons stop UAA, UAG, UGA) qu'ils spécifient. On notera que ce sont les deux premières bases d'un codon qui sont prépondérantes pour spécifier un acide aminé, la troisième ayant rarement un rôle déterminant. À part quelques exceptions, le code génétique est le même chez tous les êtres vivants, il est considéré comme universel.

CODON

Séquence de 3 nucléotides (triplet) d'un ARNm correspondant à un acide aminé ou à une ponctuation (codon stop) spécifiée par le code génétique. Le codon AUG code pour l'acide aminé méthionine. Quelle que soit la chaîne polypeptidique synthétisée, la méthionine est le premier acide aminé de la chaîne. Un codon faux-sens est un codon qui, à la suite d'une mutation, est devenu un codon stop, ce qui provoque l'arrêt immédiat de la traduction de l'ARNm et donc une chaîne polypeptidique incomplète. Un codon non-sens spécifie, à la suite d'une mutation, un autre acide aminé que celui qui était présent avant la mutation.

COENZYME

Molécule organique de petite taille, non protéique, agissant comme cofacteur d'un enzyme en prenant part à la réaction qu'elle catalyse.

CŒUR

Vaisseau sanguin musculaire spécialisé qui assure le déplacement du sang dans l'appareil circulatoire. Chez les Mammifères, il est formé de quatre chambres ou cavités cardiaques. Les oreillettes reçoivent le sang des veines, les ventricules éjectent le sang dans les artères.

COLONNE STRATIGRAPHIQUE

Représentation schématique et proportionnelle de l'épaisseur et de la disposition des couches géologiques. Les couches sont représentées par des figurés traditionnels. À gauche de la colonne, on note les épaisseurs des strates, à droite des caractéristiques correspondant à leur faciès, à leur résistance à l'érosion et les étages correspondants.

COMPÉTITION

Relation caractérisant le fait que des individus d'une même espèce (compétition intraspécifique) ou d'espèces différentes (compétition interspécifique) sont en concurrence pour l'exploitation de la même ressource du milieu (alimentation, place de repos...) qu'elles utilisent en même temps. Si deux espèces vivant au même endroit utilisent, dans les mêmes conditions, la même ressource, l'une élimine l'autre.
→ Adaptation.

COMPLÉMENT

Ensemble d'une vingtaine de protéines du sérum fabriquées par le foie. Le système du complément complète et amplifie l'action des anticorps. Il constitue le moyen principal de lutte contre les infections bactériennes en détruisant les bactéries

par la formation de pores dans leur membrane. Les protéines sériques sont activées en chaîne. L'initiation de cette réaction débute par la formation de complexes immuns s.
→ Perforines.

COMPLÉMENTARITÉ DES BASES

Principe suivant lequel, dans les acides nucléiques, une base purique est toujours liée à une base pyrimidique suivant la règle suivante, dite règle de Chargaff : adénine-thymine, guanine-cytosine dans l'ADN et adénine-uracile, guanine-cytosine entre un brin d'ADN et un brin d'ARN.

COMPLEXE D'ATTAQUE MEMBRANAIRE

1. Ensemble des molécules libéré après contact avec une cellule à tuer par un lymphocyte cytolytique. Ces molécules provoquent la lyse de la cellule à détruire (perforine).
2. Désigne aussi les différentes protéines du complément qui s'insèrent dans la membrane d'une cellule à la suite de l'activation du complément et forment un canal lytique.

COMPLEXE IMMUN

L'agencement moléculaire formé par un antigène et son anticorps spécifique auquel on ajoute parfois la première protéine du complément.

COMPLEXE MAJEUR D'HISTOCOMPATIBILITÉ

Ensemble de 6 gènes principaux portés, chez l'homme, par la paire de chromosomes 6 codant des glycoprotéines de surface qui interviennent dans le rejet des greffes et la reconnaissance du soi modifié. Les gènes qui les codent forment, chez l'homme, le système HLA *(Human Leucocytes Antigens)*. Comme un individu est en général hétérozygote pour les 6 principaux loci du CMH, un individu donné présente à la surface de ses cellules 12 sortes de glycoprotéines. Chacune d'entre elles est présente à des milliers d'exemplaires. Comme ces gènes sont liés et très proches, les crossing-over sont exceptionnels et les gènes se transmettent en bloc. De ce fait, la probabilité que deux enfants, issus des mêmes parents, aient le même CMH est de 1/4.

COMPLEXE MINEUR D'HISTOCOMPATIBILITÉ

Ensemble des glycoprotéines membranaires définissant les groupes sanguins.
→ Agglutinogène.

COMPLEXE HYPOTHALAMO-HYPOPHYSAIRE

Ensemble anatomique et physiologique formé par un centre nerveux (hypothalamus) dont les neurones déversent leurs sécrétions (neuropeptides, neurohormones) dans les capil-

laires sanguins irriguant l'antéhypophyse. Ces neurosécrétions sont des hormones de libération de la plupart des hormones hypophysaires (FSH, LH, stimuline). L'hypothalamus est en liaison avec les centres supérieurs qui influencent son fonctionnement.
→ Libérine.

COMPRESSION

Action d'exercer une pression sur un objet et d'en diminuer le volume avec ou sans déformations. Les forces de compression sont dues à des phénomènes de subduction, de collision ou de subsidence. Ainsi, lors de l'affrontement de deux plaques lithosphériques, les terrains se plient et se déforment.

CONCORDANCE

État d'une couche sédimentaire qui repose au-dessus d'une couche qui lui est plus ancienne et au-dessous d'une couche plus récente et qui n'ont été ni plissées, ni basculées par des mouvements tectoniques. Les couches concordantes sont donc parallèles entre elles, même si parfois elles ne sont plus horizontales.

CONDUCTION D'UN MESSAGE NERVEUX

Syn. propagation d'un message nerveux.

CONDUCTION SALTATOIRE

Mode de propagation de l'influx nerveux dans les fibres myélinisées où l'influx nerveux « saute » de nœud de Ranvier en nœud de Ranvier. La conduction saltatoire augmente considérablement la vitesse du message nerveux qui peut atteindre une centaine de mètres par seconde.

CONDUCTRICE

Dans une maladie génétique récessive liée aux chromosomes sexuels (daltonisme, hémophilie, myopathie de Duchenne...), une femme hétérozygote n'exprime pas la maladie mais transmet l'allèle responsable avec une probabilité de 1/2, elle est dite conductrice ou vectrice.

CONFIGURATION TRIDIMENSIONNELLE

Forme adoptée dans l'espace par une protéine, par repliement de la chaîne polypeptidique. La configuration ou structure tridimensionnelle est maintenue par des liaisons ponts disulfure entre cystéines et par des liaisons hydrogène. La protéine adopte l'état d'équilibre le plus stable.

CONGÉNITALE

Qualifie une anomalie présente dès la naissance. Si l'anomalie congénitale se transmet de génération en génération, elle est héréditaire. Si elle ne se transmet pas, elle peut être due soit à un accident au cours du développement embryonnaire, soit à un médicament, une drogue ou un virus.

CONGLOMÉRAT

Roche sédimentaire détritique formée par l'accumulation et la cimentation de débris rocheux de taille supérieure à 2 mm.

CONSANGUIN

Se dit d'individus génétiquement apparentés. Un mariage consanguin provient de l'union d'individus possédant des ancêtres communs proches.

CONSOMMATEUR

Se dit d'un être vivant qui utilise de la matière organique produite par un autre être vivant. Les animaux constituent les consommateurs alors que les végétaux chlorophylliens sont les producteurs primaires et les champignons sont des décomposeurs.

CONTACT ANORMAL

Contact entre deux ensembles de roches ayant subi des déplacements l'un par rapport à l'autre après leur formation. Ainsi, les forces responsables de ces mouvements se sont exercées après la mise en place du terrain le plus récent.
→ Discordance.

CONTINENT

Surface émergée entourée par plusieurs océans à l'exception des îles volcaniques (Islande...). Pour le géologue, ce qui caractérise le continent c'est la nature de la croûte terrestre. La croûte continentale diffère de la croûte océanique par : sa nature chimique (de type granite au lieu de basalte), son épaisseur (30 à 70 km contre 10 km), sa structure, son âge ancien (jusqu'à 3,8 Ga pour les continents contre 200 Ma pour les planchers océaniques). Les talus continentaux, les plates-formes continentales, bien que recouverts par les océans, sont comme leur nom l'indique des prolongements sous-marins des continents. Si l'on considère l'ensemble de la croûte continentale, elle compte pour 45 % de la surface du globe.

CONTRACEPTION

Méthode utilisée pour empêcher qu'un rapport sexuel ne débouche sur une grossesse. Les différentes techniques de contraception font appel à des barrières physiques (contraception mécanique) pour prévenir la rencontre des gamètes (préservatif, diaphragme), à des méthodes chimiques (spermicides) pour tuer les spermatozoïdes et à des méthodes hormonales (« pilules ») pour empêcher l'ovulation et/ou la nidation.

CONTRAGESTIF

Molécule qui fonctionne comme une anti-hormone, c'est-à-dire qui se fixe sur les mêmes récepteurs que la progestérone, mais qui ne déclenche aucun de ses effets ; elle provoque un avortement.
→ RU 486 antagoniste.

CONTRAINTE TECTONIQUE

Ensemble des forces s'appliquant sur un ensemble de terrains et tendant à le déformer. L'origine des forces est le mouvement des plaques lithosphériques qui provoque des forces de compression, de distension ou de cisaillement. L'énergie de ces contraintes est stockée dans la roche, mais au-delà d'une certaine valeur, les contraintes deviennent supérieures à sa résistance. La roche se déforme et l'énergie accumulée est libérée sous forme de chaleur. Dans le cas de roches peu profondes, la libération de chaleur est accompagnée d'ondes.
→ Séisme.

CONVECTION MANTELLIQUE

Déplacement lent de matière sous l'effet de différences de températures et de densité dans l'asthénosphère. La montée de matière chaude (courant de convection) se fait au niveau d'une dorsale qui est la zone de confluence de deux cellules de convection. Cette convection permet à la Terre d'évacuer de la chaleur qui, par brassage de l'asthénosphère, remonte au niveau des dorsales et se refroidit sous la lithosphère océanique, qui s'épaissit progressivement.

CONVERGENCE ÉVOLUTIVE

Évolution de deux lignées appartenant à des plans d'organisation différents qui, par adaptation aux contraintes d'un même milieu, acquièrent des organes analogues ou une morphologie voisine.

CORPS JAUNE

Résultat de la transformation du follicule de de Graaf, après l'ovulation, en une structure chargée de pigments jaunes qui produit la progestérone.

CORPUSCULE CAROTIDIEN

Petite masse de tissu située dans le sinus carotidien. Le corpuscule carotidien contient des chémorécepteurs sensibles au pH et aux pressions partielles de CO_2 et d'O_2 ainsi que les terminaisons sensorielles du nerf de Héring.

CORTEX CÉRÉBRAL

Partie superficielle du cerveau formée par de la substance grise, c'est-à-dire six couches de neurones superposées, qui forment différentes aires spécialisées dans des fonctions bien précises. Le cortex cérébral mesure 5 millimètres de profondeur et développe une surface de 2 000-2 500 cm^2.

CORTICOSURRÉNALE

Partie externe de la glande surrénale. La corticosurrénale produit des hormones, les corticostéroïdes.

COUCHE GÉOLOGIQUE

Syn. de strate.

COUPURE

Repère géologique marqué par la disparition et/ou l'apparition d'espèces végétales et / ou animales au sein d'un ensemble stratigraphique. Suivant l'importance de ces modifications, ces coupures sont utilisées pour établir des séparations entre deux ères, entre deux périodes, entre deux étages ou entre deux horizons.

COURANT ENTRANT

Déplacement d'ions par l'intermédiaire de protéines-canal au travers de la membrane d'une cellule. Les ions Na^+ diffusant du milieu extracellulaire vers le milieu intracellulaire provoquent une dépolarisation de la membrane alors que les ions Cl^- circulant dans le même sens induisent une hyperpolarisation membranaire.

COURANT SORTANT

Déplacement d'ions par l'ouverture de protéines-canal situées dans la membrane d'une cellule. Les ions K^+ quittent la cellule en accord avec leur gradient électrochimique. Ils sortent de la cellule par des canaux toujours ouverts, les canaux de fuite. À la suite d'un potentiel d'action, des canaux K^+, « voltage-dépendants » s'ouvrent et laissent partir des ions K^+, ce qui crée un courant sortant qui repolarise puis hyperpolarise la membrane.
→ Dépolarisation, hyperpolarisation.

CPA

Sigle de cellules présentatrices d'antigènes.

CRATÈRE

1. Dépression située au sommet d'un volcan et par laquelle s'échappent la matière en fusion.
2. Résultat de l'impact d'une météorite à la surface d'une planète (= cratère d'impact).

CRISE BIOLOGIQUE

Période marquée, à l'échelle du globe, par des disparitions plus ou moins brutales de groupes entiers d'organismes. Les crises biologiques sont des éléments fondamentaux pour marquer les coupures entre différentes périodes. La crise biologique majeure de l'histoire de la Terre est celle dont on se sert pour définir la fin du Primaire. Celle ayant marqué la fin du Secondaire est la mieux connue avec la disparition des ammonites, des ichtyosauriens, des plésiosauriens, des ptérosauriens, des dinosauriens et de très nombreuses espèces de plancton.

CRISTAL

Solide dont les différents atomes constitutifs sont arrangés de manière régulière définissant un motif de base, la maille élémentaire. La répétition de cette maille dans les différentes directions de l'espace forme le réseau cristallin. Un phénocristal est un cristal visible à l'œil nu.

CRISTALLISATION

Formation de cristaux de taille variable à partir d'un magma en fusion. Plus la taille des cristaux est importante, plus le refroidissement a été lent. À l'inverse, l'absence de cristaux dans une roche ou une partie de roche témoigne d'un refroidissement très rapide ; la matière non cristallisée est dite amorphe ou vitreuse.
→ Différenciation magmatique.

CROSSE AORTIQUE

Partie de l'aorte située juste à la sortie du cœur. De la crosse aortique partent les artères carotides. La crosse aortique contient des barorécepteurs (extrémités libres des nerfs de Cyon-Ludwig) et des chémorécepteurs.

CROSSING-OVER

Échange, en principe réciproque, de portions de chromatides non-sœurs entre chromosomes homologues au cours de la prophase I de méiose.
→ Brassage intrachromosomique, centimorgan, chiasma, chromosome recombiné.

CROÛTE TERRESTRE

Partie la plus superficielle de la Terre. La croûte océanique est formée de basalte et de gabbro sur une épaisseur de moins d'une dizaine de kilomètres alors que la croûte continentale, constituée essentiellement de granite, mesure entre 30 et 40 km sous les continents et jusqu'à 70 km sous les montagnes. La croûte continentale granitique s'étend aussi sous les océans par l'intermédiaire du plateau et du talus continental. Du fait de la différence de composition chimique, la croûte continentale a une densité moins élevée (2,7) que la croûte océanique (2,9).
→ Tectonique des plaques.

CYCLE BIOGÉOCHIMIQUE

Transfert et réutilisation d'un élément naturel, biogène ou d'un composé artificiel entre les différents compartiments de la biosphère (hydrosphère, atmosphère et couches supérieures de la lithosphère).

CYCLE CELLULAIRE

Ensemble des changements qui se déroulent dans une cellule entre la période de sa formation en tant qu'entité indépendante et sa propre division ; ces changements comprennent toujours la duplication de l'ADN. Dans les cellules eucaryotes, le cycle cellulaire se divise en quatre phases : G1, S, G2 constituent l'interphase et M la mitose. G1 est la période qui suit immédiatement la division, à ce moment-là, la cellule est diploïde ; S est la phase de duplication de l'ADN qui se termine quand tous les chromosomes sont formés de deux chromatides ; G2 est la période où la cellule est dans un état tétraploïde ; enfin la mitose suit et restaure, par la division cellulaire, un état diploïde dans chaque cellule.

CYCLE DIPLOPHASIQUE

Ensemble des étapes du développement d'un être vivant eucaryote où la méiose précède la fécondation. La quasi-totalité de la vie de l'organisme se déroule à l'état diploïde (la majorité des espèces vivantes).

CYCLE HAPLOPHASIQUE

Ensemble des étapes du développement d'un être vivant eucaryote où la méiose suit immédiatement la fécondation. La quasi-totalité de la vie de l'organisme se déroule à l'état haploïde (ex. *Neurospora*).

CYCLE MENSTRUEL

Ensemble des transformations périodiques (28 jours chez la femme, 4 jours chez la souris, 35 jours chez le chimpanzé) touchant les muqueuses vaginale et utérine. Le cycle mens-

truel se déroule régulièrement de la puberté à la ménopause. Par convention, le premier jour du cycle est défini par le jour d'apparition des règles et se termine le jour précédent l'apparition des règles du cycle suivant.
→ Cycle ovarien, cycle utérin.

CYCLE OVARIEN

Ensemble des modifications périodiques qui touchent le fonctionnement de l'ovaire depuis la puberté jusqu'à la ménopause. La première partie du cycle ou phase folliculaire se caractérise par la croissance du follicule tertiaire qui contient l'ovocyte I. Après l'ovulation (entre le 13e et le 19e jour après le premier jour des règles), le follicule éclaté se transforme en corps jaune producteur de progestérone. S'il y a fécondation, le corps jaune persiste, si la fécondation n'a pas lieu, le corps jaune régresse et la production de progestérone et d'œstrogènes stoppe, ce qui provoque les règles.

CYCLE UTÉRIN

Ensemble des modifications de la muqueuse utérine en réponse aux différentes hormones produites par les ovaires. Durant la phase folliculaire, la muqueuse utérine est lisse alors que durant la phase lutéinique, la muqueuse utérine se développe, se plisse en une dentelle, différencie des glandes productrices de glycogène. Avec la chute du taux des hormones ovariennes à la fin du cycle, la muqueuse utérine se délabre, les vaisseaux qui la parcouraient se rompent, les menstruations apparaissent.

CYTOKINE

Terme générique désignant les molécules sécrétées par les cellules du système immunitaire et assurant la communication entre ces différentes cellules. Les cytokines affectent la croissance, la division et la différenciation des cellules du système immunitaire. Les différentes interleukines (IL-1, IL-2...) et les molécules qui attirent les macrophages sont des cytokines.

CYTOPLASME

L'intérieur de la cellule, le cytoplasme, comprend le hyaloplasme et les organites.

CYTOSINE

Une des trois bases pyrimidiques constituant un nucléoside, la cytidine. La cytosine se lie par trois liaisons hydrogène à une base purique, la guanine.

D

DALTONISME

Trouble de la vision des couleurs dû à un allèle récessif porté par le chromosome X.
→ Conductrice.

DÉCHARGE OVULANTE

Syn. pic de LH.

DÉCLINAISON MAGNÉTIQUE

Angle que fait le prolongement de l'aiguille de la boussole avec la direction du pôle Nord géographique.

DÉCOMPOSEURS

Ensemble des êtres vivants qui, pour se nourrir, utilisent la matière organique provenant de parties de végétaux morts (bois, litière), de cadavres d'animaux, d'excréments.

DÉLÉTION

Perte d'un fragment de matériel génétique, de la simple paire de bases azotées à une portion plus ou moins importante d'un chromosome. Plus une délétion est importante, plus la probabilité de survie est faible.

DÉNATURATION DE L'ADN

Technique consistant, le plus souvent, à chauffer des molécules d'ADN bicaténaires afin de briser les liaisons hydrogène entre les bases azotées pour obtenir de l'ADN monocaténaire. Le refroidissement plus ou moins rapide du mélange obtenu (renaturation) permet d'étudier les particularités des séquences d'ADN. La dénaturation de l'ADN est utilisée dans le cadre de la technique d'hybridation moléculaire.

DENDRITE

Prolongement cytoplasmique des neurones qui reçoit des potentiels postsynaptiques excitateurs ou inhibiteurs en provenance des arborisations terminales d'autres neurones. Dans les neurones sensitifs, ils sont à l'origine du codage d'un stimulus.

DÉPENDANCE

Condition provoquée par la prise continuelle et répétée de drogue, conduisant au besoin d'en prendre de plus en plus souvent et à doses de plus en plus élevées.
→ Accoutumance, toxicomanie, sevrage.

DÉPISTAGE

Recherche chez un individu ou dans une population, à l'aide de méthodes ou de tests simples, rapides et peu coûteux, de signes décelables de maladies qui ne se sont pas encore manifestées. La recherche de la séropositivité au VIH est un test de dépistage.

DÉPOLARISATION

Réduction de la différence de potentiel électrique de part et d'autre d'une membrane d'une cellule à la suite de l'entrée d'ions positifs ou de la sortie d'ions négatifs.

DÉPÔT ÉOLIEN

Accumulation de fines particules transportées par les vents. Le lœss est un dépôt éolien.

DÉRIVE GÉNÉTIQUE

Variation des fréquences allèliques et génotypiques, d'une génération à la suivante, au sein d'une petite population. La dérive génétique tend à une réduction du polymorphisme.

DÉTERMINANT ANTIGÉNIQUE

Site particulier d'un antigène qui détermine à lui seul une réponse immunitaire spécifique. Une molécule peut avoir plusieurs sites antigéniques qui sont donc reconnus par des anticorps différents. Syn. épitope, site antigénique.

DIAGENÈSE

Ensemble des processus qui touchent un dépôt sédimentaire meuble et le transforment progressivement en roches sédimentaires solides.

DIAGNOSTIC PRÉNATAL

Recherche d'éventuelles anomalies chromosomiques, géniques et congénitales sur le fœtus à naître. Le diagnostic prénatal est fondé sur l'étude du caryotype (anomalies chromosomiques), sur le dosage de certains métabolites pour établir les déficits enzymatiques, sur l'amplification de l'ADN des cellules amniotiques (anomalies géniques), sur la recherche de protéines anormales par électrophorèse et sur l'observation morphologique du fœtus par échographie. Syn. diagnostic anténatal.

DIAGRAMME POLLINIQUE

Variation de l'abondance relative, représentée sous forme de schémas, des différents pollens et spores au cours du temps.
→ Palynologie.

DIAGRAMME PRESSION-TEMPÉRATURE (PT)

Représentation graphique montrant les différents domaines de stabilité des minéraux ou des roches en fonction des variations de pression et de température. Les courbes liquidus et solidus marquent les domaines de changement de phase d'un mélange (début de cristallisation, de fusion).

DIAGRAMME PRESSION-TEMPÉRATURE-TEMPS (PTT)

Reconstitution de l'histoire thermodynamique (pression, température) par laquelle est passée une roche métamorphique. Le principe de reconstitution repose sur l'établissement de la chronologie de l'apparition des associations minérales (faciès de métamorphisme) qui permet de déduire, connaissant les domaines de stabilité des minéraux repères du métamorphisme (diagramme pression-température), les étapes successives de leurs transformations.

DIAPÉDÈSE

Capacité que possèdent certains leucocytes du type phagocyte (granulocytes neutrophiles) à traverser la paroi des capillaires et à se retrouver dans la lymphe interstitielle baignant les tissus.

DICTYOSOME

Organite aplati dans lequel se fait la maturation des protéines. Le dictyosome bourgeonne des vésicules qui fusionnent avec la membrane plasmique et qui excrètent leur contenu dans le milieu extracellulaire.

→ Appareil de Golgi, exocytose.

DIFFÉRENCIATION CELLULAIRE

Acquisition par une cellule non spécialisée de caractère spécifique. La différenciation cellulaire est due au blocage de l'expression de certains gènes et à l'activation de certains autres. La cellule œuf chez les mammifères peut se différencier en environ deux cents types cellulaires distincts (neurones, cellules musculaires, hématies, lymphocytes...).

DIFFÉRENCIATION MAGMATIQUE

Transformation progressive d'un magma au cours d'un processus de cristallisation par soustraction d'éléments ; il y a une sédimentation des minéraux ainsi cristallisés sur le plancher d'une chambre magmatique, ce qui modifie la composition minéralogique du magma résiduel.

DIFFUSION

Déplacement spontané de molécules d'une zone à forte concentration vers une zone à faible concentration. La vitesse de diffusion de molécules séparées par une paroi dépend de la taille de la surface de la zone de passage, de l'épaisseur de la séparation, de la différence de concentration de chaque côté de la paroi et du coefficient de solubilité de la molécule considérée.

DIHYBRIDISME

Croisement dans lequel les deux parents ne se distinguent que par deux caractères.
→ Loi de Mendel.

DINOSAURES

Groupe (classe) de vertébrés terrestres considéré comme étant des reptiles entre autres à cause de leur peau écailleuse. Les dinosaures s'en écartent par la possession d'un membre semblable à celui des oiseaux ou des mammifères (membres verticaux) et par un métabolisme probablement plus proche de ceux-ci que de celui des reptiles. Ce point fait actuellement l'objet de débats passionnés chez les spécialistes qui admettent, généralement, que les dinosaures étaient vraisemblablement homéothermes. Les dinosaures ont dominé tous les écosystèmes terrestres pendant plus de 130 millions d'années. Pour certains chercheurs, la disparition des dinosaures semble avoir été progressive, pour d'autres la disparition a été soudaine. Le débat est loin d'être clos.
→ Iridium.

DIPLOÏDE

État d'une cellule ou d'un organisme qui possède deux lots de chromosomes homologues. Ainsi, chaque cellule possède dans le noyau deux lots de chromosomes qui portent les mêmes loci, mais pas nécessairement les mêmes allèles.

DISCORDANCE ANGULAIRE

Dépôt d'une strate sur des couches plus anciennes qui ne lui sont pas toujours parallèles. Les couches anciennes ont été plissées ou basculées antérieurement par des mouvements tectoniques et parfois érodées avant que des sédiments plus récents ne se déposent dessus.

DISJONCTION

Lors de la première division de méiose, séparation, puis répartition équitable, sauf accident, dans les deux cellules filles des chromosomes homologues d'une paire. Lors de la mitose et de la seconde division de méiose, la disjonction correspond à la séparation des 2 chromatides sœurs d'un même chromosome.

DISTANCE GÉNÉTIQUE ENTRE DEUX GÈNES

Mesure, en terme probabiliste, de l'éloignement entre deux loci situés sur le même chromosome. La distance génétique s'exprime en centimorgan. Elle est égale aux nombres de

chromatides recombinées/nombre total de chromatides produites × 100. Pour les deux mêmes loci, la distance calculée peut varier suivant les croisements-tests réalisés. Maintenant, grâce aux techniques de séquençage de l'ADN, les distances sont connues en kilobases.
→ Crossing-over, carte génétique, carte physique, gènes dépendants, liaison.

DISTANCE GÉNÉTIQUE ENTRE UN GÈNE ET LE CENTROMÈRE

Distance, mesurée en terme probabiliste, entre le locus d'un gène et le centromère. Chez certains haploïdes, elle est estimée par le rapport suivant : Nombre d'asques postréduits/ 2 nombre total d'asques × 100. On divise par 2 car un crossing-over ne touche que 2 chromatides sur 4, ou alors nombre de chromatides recombinées/nombre total de chromatides.
→ Préréduction, postréduction.

DISTENSION

Étirement de la croûte terrestre qui provoque son amincissement et sa rupture. La distension se matérialise généralement en surface par l'apparition de failles perpendiculaires à la direction des forces de distension.

DISTHÈNE

Silicate d'alumine rare dans les roches magmatiques mais très abondant dans les roches du métamorphisme régional (micaschistes, gneiss) ayant subi des pressions élevées comprises entre 300 et 800 MPa.

DIURÈSE

Débit urinaire.

DIVISION CELLULAIRE

Mécanisme par lequel une cellule se reproduit.

DIVISION ÉQUATIONNELLE

Division dans laquelle le nombre de chromosomes est conservé indépendamment du nombre de chromatides par chromosomes. La mitose et la seconde division de méiose sont des divisions équationnelles.

DIVISION RÉDUCTIONNELLE

Première division de la méiose. La division réductionnelle détermine la réduction chromatique et permet un brassage intra- et interchromosomique des gènes. Elle conduit à 2 cellules filles possédant *n* chromosomes formés de 2 chromatides.

DOGME CENTRAL

Principe suivant lequel le transfert de l'information génétique se fait par transcription de l'ADN en ARNm puis par traduction de celui-ci en chaîne polypeptidique ; ce principe était considéré comme universel. Le dogme central a dû être modifié par la découverte de la transcriptase inverse qui fabrique de l'ADN à partir d'une séquence d'ARN.

DOMAINE F_{ab}

Partie de la molécule d'immunoglobuline formée par les régions variables et hypervariables des quatre chaînes polypeptidiques de la molécule. Les domaines F_{ab} constituent les sites de fixation des déterminants antigéniques ou paratopes (ab = *antigens binding*).

DOMAINE F_c

Partie de la molécule d'immunoglobuline formée par les régions constantes des deux chaînes lourdes, le domaine F_c donne ses propriétés à l'immunoglobuline. Le domaine F_c possède le site de fixation du complément qui se trouve dégagé quand un antigène se fixe sur l'anticorps. Il est reconnu par les macrophages.

DOPAMINE

Neurotransmetteur excitateur appartenant à la famille des amines biogènes (adrénaline...). La dopamine agit sur la membrane postsynaptique en se fixant sur des récepteurs spécifiques associés à des canaux Na^+.

DORSALE OCÉANIQUE

Reliefs dépassant du fond des océans, les dorsales océaniques atteignent quelques centaines, voire milliers, de kilomètres de large et serpentent sur le fond des océans sur des dizaines de milliers de km de long. Elles dominent le plancher océanique de 2 000 à 3 000 m. Certaines dorsales se caractérisent par la présence à leur sommet d'un fossé d'effondrement ou rift et par un volcanisme intense et par des séismes superficiels.

DOULEUR

Impression anormale et pénible née au niveau d'une partie du corps et perçue par le cerveau. On peut distinguer une douleur « rapide » et une douleur « lente ». Les fibres nerveuses qui véhiculent les informations de la douleur sont appelées fibres nociceptives.

DRÉPANOCYTOSE

Anomalie à globules falciformes improprement appelée anomalie falciforme ou sicklémie, qui est un anglicisme. Anomalie de l'hémoglobine due au remplacement dans la chaîne β, en

6e position, de l'acide glutamique par la valine. L'allèle de la drépanocytose peut être considéré, d'un point de vue biochimique, comme codominant et il fournit des hétérozygotes qui sont plus résistants au paludisme que les individus homozygotes qui ne possèdent pas cette anomalie de l'hémoglobine.

DROGUES

Substances étrangères à l'organisme qui ne sont pas utilisées comme aliment, mais doivent être éliminées après avoir subi des modifications de structures dans les cellules. Les drogues agissent à doses très faibles sur le système nerveux. Pour les Nations unies, elles se répartissent en stupéfiants et en psychotropes. Elles provoquent une pharmacodépendance.

DUCTILE

Se dit d'un matériau qui peut se déformer par étirement sans se casser.

DUPLICATION

Doublement d'un élément cellulaire, d'une molécule, comme la duplication de l'ADN, d'un gène. La duplication des gènes est à l'origine des familles de gènes et donc de la complexification du génome.
→ Réplication.

E

ÉCHELLE PALÉOMAGNÉTIQUE

Division du temps basée sur l'existence d'inversions des pôles magnétiques. Ainsi, l'échelle paléomagnétique présente les successions et les durées des périodes durant lesquelles le pôle Nord magnétique était au Nord géographique (périodes dites normales) et les périodes où il était au pôle Sud (périodes dites inverses).

ÉCHELLE STRATIGRAPHIQUE

Division du temps basée sur les coupures entre les différentes couches géologiques et leur regroupement en ensembles de plus en plus vastes. L'échelle stratigraphique permet d'établir une chronologie relative que l'on essaye de faire coïncider sur tous les continents avec les âges « absolus ». Ainsi, l'unité de base en chronostratigraphie est l'étage qui correspond à un intervalle de temps donné, en moyenne de 5-6 Ma.

ÉCLOGITE

Roche peu abondante du métamorphisme général à cristaux de grenat rose et de pyroxène vert. La composition chimique est celle d'un basalte ou d'un gabbro avec une très faible quantité de SiO_2. Ces roches résultent du métamorphisme de haute pression des basaltes et des gabbros.

ÉCOLOGIE

Étymologiquement, l'écologie est la science de l'habitat. L'écologie a pour but d'étudier les relations entre les êtres vivants, entre eux et avec leur environnement.
→ Écosystème.

ÉCORCE TERRESTRE

Partie superficielle de la Terre, elle correspond à la croûte continentale ou océanique.

ÉCOSYSTÈME

Ensemble formé par deux éléments en interaction permanente : un environnement de nature physico-chimique, abiotique et bien délimité dans l'espace et dans le temps que l'on appelle le biotope, et l'ensemble des êtres vivants, ou biocœnose, qui habite ce biotope.

EFFECTEUR

Organe ou cellule différencié réalisant une fonction en réponse à un message d'origine nerveuse ou hormonale.

EFFET DE SERRE

Phénomène par lequel les couches les plus basses de l'atmosphère forment une barrière à la rémission des rayons solaires ayant déjà frappé la terre. La température de l'air est alors supérieure à ce qu'elle devrait être si les couches inférieures de l'atmosphère ne contenaient pas des gaz (dioxyde de carbone, méthane, vapeur d'eau..) qui piègent le rayonnement calorique renvoyé par la terre.

EFFET FONDATEUR

Échantillonnage aléatoire de certains allèles à l'occasion de l'isolement d'une petite population, appelée population fondatrice, à partir d'une population-mère. Lors de la fondation, tous les allèles d'un gène donné ne se trouvent pas obligatoirement dans les différents individus de la population fondatrice. Il s'ensuit une perte de la variabilité génétique.

ÉLECTRONOGRAPHIE

Photographie en noir et blanc obtenue à l'aide d'un microscope électronique. Les électronographies permettent d'observer l'ultrastructure des cellules. Des grossissements de 500 000 sont atteints.

ÉLECTROPHORÈSE

Technique de séparation par un champ électrique des molécules chargées (acides nucléiques, protéines). Les protéines ou les acides nucléiques forment alors des bandes qu'il est possible de caractériser par des techniques appropriées (réaction de coloration, sonde radioactive, anticorps marqués...).

EMBRYON

Stade de développement d'un organisme qui débute dès la fécondation et se poursuit jusqu'à ce que les différents organes soient formés.

ENCÉPHALE

L'encéphale ou cerveau est la partie la plus antérieure du système nerveux central des vertèbres, il est enfermé dans la boîte crânienne. Chez l'homme, c'est une masse formée par plus de 1 000 milliards de cellules (10^{12}) dont 100 milliards de neurones interconnectés, entourée par des tissus protecteurs, les méninges. Le cerveau analyse et intègre les différentes informations sensorielles et génère différents messages qu'il envoie aux muscles et aux glandes.

ENDERGONIQUE

Se dit d'une réaction thermodynamiquement impossible sans l'apport d'énergie extérieure. Une réaction endergonique ne peut avoir lieu que si elle est couplée à une réaction exergonique.

ENDOCRINE

S'emploie pour qualifier une cellule ou une glande qui déverse ses produits de sécrétion directement dans le sang sans l'intermédiaire d'un canal excréteur.
→ Exocrine.

ENDOCYTOSE

Capacité que possèdent certaines cellules dites cellules phagocytaires (macrophages, granulocytes neutrophiles...) à réaliser, au moyen de pseudopodes, une invagination de leur membrane plasmique et à intégrer des particules extérieures à l'intérieur d'une vésicule membranaire (phagosome) formée par la membrane plasmique retournée.
→ Phagocytose.

ENDOMÈTRE

Partie de la paroi utérine située du côté de la lumière. L'endomètre est formée d'un tissu conjonctif fibreux, lâche et vascularisé (le chorion) recouvert d'un épithélium glandulaire (la muqueuse). Syn. muqueuse utérine.

ENDOMORPHINES

Molécules produites par le système nerveux central et qui ont la propriété d'imiter l'action de la morphine car elles se fixent sur les mêmes récepteurs, appelés récepteurs opioïdes. La morphine présente une analogie structurale avec les endomorphines, ce qui permet sa fixation sur les mêmes récepteurs.

ENDORPHINES

Peptides produits par les centres nerveux.
→ Endomorphines, enképhalines.

ÉNERGIE

Grandeur physique possédée par un système à partir de laquelle il est possible de produire du travail.

ÉNERGIE POTENTIELLE

Énergie qui peut être récupérée et utilisée pour un travail. Ainsi, l'oxydation complète des molécules organiques libère de l'énergie sous forme de chaleur.

ÉNERGIE INTERNE DU GLOBE

Énergie responsable des différents mouvements (séismes, volcanisme, mouvements des plaques) ayant lieu à la surface terrestre et du flux géothermique terrestre qui compte pour 99 % du bilan énergétique global. L'origine de cette énergie est due essentiellement à la désintégration des isotopes radioactifs (^{235}U, ^{238}U, ^{232}Th, ^{40}K) contenus dans l'ensemble des enveloppes de la Terre.

ENKÉPHALINES

Pentapeptides produits, entre autres, par certaines régions de l'encéphale. Les enképhalines se fixent aux récepteurs opioïdes, mimant les effets de la morphine. Leurs effets sont de courte durée ; les enképhalines sont détruites rapidement par les enképhalinases alors que les opioïdes exogènes (morphine, héroïne) ne sont pas détruits et donc leur action est prolongée.
→ Opioïdes endogènes.

ENVELOPPE EXTERNE

Couche entourant la Terre définie par ses propriétés. On distingue de l'extérieur vers l'intérieur quatre enveloppes : l'atmosphère, l'hydrosphère, la biosphère et la lithosphère.

ENVELOPPE INTERNE

Couche se trouvant sous la lithosphère. On distingue de la périphérie vers le centre : l'asthénosphère, le manteau inférieur, le noyau et la graine

ENZYME

Molécule biologique pouvant accélérer la vitesse d'une réaction biochimique thermodynamiquement possible. Les enzymes sont des protéines et de ce fait en ont leurs propriétés générales. Les enzymes sont spécifiques d'un substrat ou d'un type de réactions (oxydases, réductases, transférases, hydrolases, polymérases...).

ENZYME DE RESTRICTION

Enzyme coupant la molécule d'ADN en des fragments de taille variable et en des sites bien spécifiques (sites de restriction) d'une dizaine de paires de bases. Les enzymes de restriction sont produits par les micro-organismes ; il en existe plus de 400 différents qui constituent les outils de base du génie génétique. Syn. endonucléase de restriction.

EOSINOPHILE

Se dit d'une catégorie de granulocytes ou polynucléaires. Les granulocytes éosinophiles représentent 2 à 5 % des leucocytes. Ils possèdent une protéine basique qui peut être sécrétée dans le milieu intérieur et provoque des altérations sur les agents pathogènes.

ÉPILEPSIE

Maladie neurologique chronique se traduisant par des crises pouvant présenter des intensités variées.

ÉPITOPE

Partie d'une molécule capable de déclencher une réponse immunitaire spécifique. Un antigène peut posséder plusieurs épitopes et donc activer plusieurs types de lymphocytes B. Syn. déterminant antigénique.

31. ÈRE

Division géochronologique de l'histoire de la Terre : la première correspond au Précambrien (3,8 Ga à 570 Ma), suivi de l'ère primaire ou Paléozoïque (570-250 Ma) qui se termine avec une grande vague d'extinction (trilobites...) ; de l'ère secondaire ou Mésozoïque (250-65 Ma) qui s'achève avec la disparition des dinosaures, ammonites... ; et de l'ère tertiaire ou Cénozoïque dans laquelle nous sommes toujours. Néanmoins, certains auteurs définissent une ère quaternaire dans le Cénozoïque commençant il y a 1,8 ou 1,6 Ma.

ÉROSION

Ensemble des phénomènes se déroulant à la surface du sol ou à faible profondeur qui détruit les roches superficielles et déplace les fragments obtenus modifiant ainsi le relief. On distingue deux grandes catégories de processus d'érosion dont les effets s'additionnent : l'érosion physique ou mécanique et l'érosion chimique. On estime que l'érosion mécanique est dix fois plus intense que l'érosion chimique.

ÉRUPTION VOLCANIQUE

Apparition à la surface du globe de roches en fusion provenant de magma, de gaz et de débris rocheux de taille variable entraînés par la remontée de ce dernier. Les différents produits éjectés ou débris pyroclastiques, en dehors des gaz et des coulées, sont classés suivant leur taille : cendre (< 2 mm), lapilli (2 mm < d < 30 ou 64 mm), bombe.
→ Volcan.

ESPACE SYNAPTIQUE

Zone du milieu extracellulaire comprise entre deux neurones ou un neurone et une autre cellule. C'est dans l'espace synaptique qu'est libéré le neurotransmetteur assurant la transmission du message entre deux cellules excitables. Syn. fente synaptique.
→ Synapse.

ESPÈCE

Ensemble d'individus apparentés, présentant des caractéristiques morphologiques, anatomiques, écologiques, éthologiques, biochimiques, physiologiques... communes et dont les individus se ressemblent plus entre eux qu'ils ne ressemblent à d'autres ensembles équivalents. Pour appartenir à la même espèce, les individus doivent avoir ensemble une descendance commune fertile.

ÉTAGE

Unité de base de la chronostratigraphie, l'étage est défini par un stratotype, c'est-à-dire un affleurement ayant des caractéristiques lithologiques et paléontologiques spécifiques. À l'intérieur de cet étage, il est possible de réaliser des subdivisions plus fines en fonction de la présence ou de l'absence d'espèces présentes dans les niveaux inférieurs et supérieurs.

EUCARYOTE

Organisme dont les cellules (ou la cellule unique dans le cas des protozoaires et des algues unicellulaires) possèdent de nombreux compartiments internes délimités par des membranes (organites) et dont le matériel génétique est associé à des protéines et forme des chromosomes contenu dans un organite appelé noyau.
→ Procaryote.

EUGÉNISME

« Science » qui cherche à améliorer l'espèce humaine. On distingue un eugénisme « positif » qui voudrait favoriser les unions entre les individus les meilleurs et un eugénisme négatif qui consiste à empêcher la reproduction des individus les plus inaptes.
→ Bioéthique.

ÉVAPORITE

Roche sédimentaire provenant de la précipitation chimique de sels (chlorures et sulfates) à la suite de l'évaporation de l'eau dans des milieux de faible profondeur sous climat chaud. Les évaporites se forment dans des milieux lagunaires peu ou pas reliés à la mer ou dans des milieux continentaux fortement lessivés mais où l'eau ne peut s'écouler.

ÉVOLUTION

Apparition de nouveaux types d'organismes à partir d'êtres préexistants par accumulation de mutations sur de très longues durées. L'évolution s'étudie par la succession des formes fossiles et par la comparaison des différentes espèces vivantes ou ayant vécu. Ces comparaisons se font à partir de données morpho-anatomiques, physiologiques, biochimiques et génétiques. On considère actuellement que l'évolution ne se fait pas toujours par l'accumulation de petits changements, que certaines mutations ne donnent pas prise à la sélection naturelle (neutralisme), que pendant de longues périodes, une espèce peut ne pas changer, puis se modifier très rapidement (équilibres ponctués).

EXCITABILITÉ

Capacité d'une cellule vivante à répondre à un stimulus. Les cellules sensorielles, les neurones et les cellules musculaires sont excitables. Syn. sensibilité.

EXERGONIQUE

Se dit d'une réaction thermodynamiquement possible sans apport d'énergie extérieure. Une réaction exergonique est susceptible de fournir de l'énergie (dissipée en chaleur ou utilisée par une réaction endergonique).

EXOCYTOSE

Processus par lequel une vésicule membranaire interne fusionne avec la membrane plasmique et libère son contenu dans le milieu extracellulaire.

EXPANSION CLONALE

Prolifération exponentielle des lymphocytes immunocompétents après leur rencontre avec le déterminant antigénique ou le soi modifié dont les récepteurs spécifiques sont complémentaires.

EXPÉRIENCES DE MILLER

Expériences réalisées par Miller et Urey à partir de 1952 pour montrer qu'il était possible de fabriquer de manière abiotique les molécules élémentaires de la vie supposées présentes dans les océans primitifs. À partir d'un mélange de H_2, NH_3, CH_4, en présence de vapeur d'eau et de décharges électriques fournissant l'énergie nécessaire aux réactions, Miller et Urey ont produit des molécules organiques. Suivant la composition initiale du mélange (ajout de CO_2), les molécules organiques obtenues étaient différentes, mais des acides aminés, des bases azotées et des oses ont pu être synthétisés.
→ Atmosphère primitive.

EXPRESSION GÉNÉTIQUE

Ensemble des mécanismes responsables de la transcription et de la traduction des gènes et produisant les protéines.

EXTINCTION

Disparition au cours des temps géologiques d'une espèce ou de groupes entiers d'êtres vivants. Les extinctions servent à établir des coupures dans l'échelle stratigraphique.

F

F1

Individus provenant du croisement de deux parents, généralement homozygotes, départ de la lignée.

F2

Individus résultant du croisement entre eux d'individus F1 obtenus, en principe, à partir de deux races pures. On note F1 × F1.

FACIÈS

Catégorie dans laquelle on peut classer un terrain en fonction de critères lithologiques et paléontologiques pour les roches sédimentaires. On emploie aussi ce terme pour désigner le milieu de fossilisation (faciès lagunaire, faciès récifal...).

FACIÈS DE MÉTAMORPHISME

Association de minéraux bien particuliers qui permet de définir les conditions de pression et de température qui ont présidé à la formation d'une roche métamorphique.
→ Minéral du métamorphisme.

FACILITATION

En neurophysiologie, c'est le processus par lequel l'augmentation de la fréquence des potentiels d'action sur le neurone présynaptique a pour effet d'accroître la quantité de neurotransmetteur excitateur libéré, ce qui a pour effet de dépolariser davantage la membrane postsynaptique favorisant ainsi la transmission du message nerveux.

FACTEUR LIMITANT

Paramètre du milieu extérieur dont la valeur est très éloignée de la valeur conduisant à un développement et à une croissance optimaux.

FAILLE

Cassure affectant un terrain avec mouvement relatif des parties séparées. Les déplacements sont soit verticaux, une des parties se trouvant située plus bas, soit horizontaux, les deux parties se trouvant éloignées l'une de l'autre, mais la plupart du temps ces deux déplacements se combinent. On appelle compartiment chacune des parties séparées, lèvres de la faille, les surfaces engendrées par la cassure, et rejet, la mesure du déplacement réalisé.

FAMILLE DE GÈNES

Ensemble de gènes dont on pense qu'il provient d'un gène ancestral qui se serait dupliqué et dont chaque copie aurait plus ou moins divergé sous l'action des mutations. Syn. famille multigénique.

FÉCONDATION

Réunion dans la cellule-œuf des gènes d'origine paternelle et des gènes d'origine maternelle. La fécondation conduit à la diploïdie. Chez les organismes haploïdes, la méiose suit immédiatement la fécondation. En revanche, chez les diploïdes, la méiose précède de peu la fécondation.

FÉCONDATION *IN VITRO*

Technique de procréation médicalement assistée qui consiste à réaliser une fécondation à partir de spermatozoïdes et d'ovocytes II dans un tube à essais, sur une lame de verre... (sigle FIV).
→ Fivette.

FEED-BACK

Terme anglais, synonyme de rétroaction.

FELDSPATH

Silicate présent dans les roches magmatiques. Les cations qui relient les tétraèdres SiO_4 sont l'aluminium, le sodium, le potassium et le calcium. Suivant la quantité de ces atomes, on distingue principalement : les feldspaths potassiques (orthose), très riches en potassium et pauvres en sodium ; les feldspaths sodi-potassiques, plus riches en sodium que les feldspaths potassiques (anorthose) et les feldspaths sodi-calciques ou plagioclases (albite, labradorite, anorthite) qui forment une série continue où le sodium est progressivement remplacé par le calcium.

FER RUBANÉ

Gisement de minerai de fer antérieur à 2 Ga associé à des lits siliceux. Ces gisements se seraient formés par l'accumulation de fer transporté par des eaux pauvres en dioxygène.

FERMENTATION

Dégradation incomplète d'un substrat organique s'accompagnant d'une production d'ATP. La fermentation fait suite à la glycolyse. Elle consiste en la réoxydation des transporteurs réduits au cours de la glycolyse.

FIBRE

Désigne une cellule qui possède une forme allongée : fibre musculaire = cellule musculaire, fibre nerveuse = axone.

FIBRE A

Neurone moteur innervant les muscles striés. Ce neurone établit des synapses avec de nombreuses cellules musculaires qui se contractent en même temps. Les cellules musculaires reliées au même motoneurone a définissent une unité motrice. Le diamètre de ces fibres varie de 12 à 18 µm et leur vitesse de conduction de 70 à 110 m/s. Syn. motoneurone a.

FIBRE C

Fibre nociceptive, amyélinique et de faible diamètre (1µm) qui assure une transmission lente (2 m/s) des informations douloureuses en provenance des récepteurs profonds.
→ Sensibilité profonde.

FIBRE Ia

Neurone sensitif, bipolaire, qui relie les fuseaux neuromusculaires aux motoneurones a dans l'arc réflexe myotatique.

FIBRE MUSCULAIRE

Cellule de grande taille plurinucléée, de forme allongée, dont la longueur atteint plusieurs centimètres ; l'ensemble des fibres musculaires constitue les muscles. Syn. myocyte.

FIBRE NERVEUSE

Les différentes fibres nerveuses ou axones sont classées suivant la présence ou l'absence de gaine de myéline et leur diamètre. Chez les vertébrés tous les motoneurones sont myélinisés, ce sont les fibres A. En revanche, pour les neurones sensitifs, il existe les deux types, les fibres A et B sont myélinisées et les fibres C sont amyéliniques.

FIBRE NOCICEPTIVE

Axone qui achemine des informations de type douleur. On distingue des fibres nociceptives périphériques et des fibres nociceptives médullaires.
→ Nocicepteur, fibre C.

FISSURE

Fente allongée formée dans une roche, mais ne la séparant pas en plusieurs parties à l'inverse d'une fracture.

FIVETTE

Sigle de Fécondation *In Vitro* ET Transferts d'Embryons. La FIVETTE s'emploie dans les cas de stérilité dus à des trompes utérines bouchées, un sperme pauvre en spermatozoïdes mobiles et normaux ou dans toute autre situation où la fécondation par voies naturelles est impossible. La FIVETTE peut utiliser du sperme ou des ovocytes de donneur.

FLUVIO-GLACIAIRE

Se dit de sédiments continentaux provenant de matériaux arrachés par un glacier et retransportés par un cours d'eau.

FLUX GÉNIQUE

Passage d'allèles entre deux populations à la suite de la migration d'adultes reproducteurs. L'existence d'un flux génique est due à l'absence de barrière d'isolement reproducteur et de ce fait, les populations ne peuvent diverger ; le maintien d'un flux génique est un facteur assurant le brassage des populations et donc leur homogénéisation.

FLUX GÉOTHERMIQUE

Quantité de chaleur sortant du sol par unité de surface. On le mesure en général en $W. m^{-2}$, il vaut en moyenne $0{,}05 W. m^{-2}$, soit 7 000 fois moins que le flux solaire. Le flux géothermique est plus élevé dans les zones de dorsales et dans les autres zones volcaniques.

FŒTUS

Étape du développement des mammifères qui fait suite à l'embryon. Chez l'homme, c'est à la fin de la huitième semaine de grossesse que l'on parle de fœtus. C'est un stade de la croissance et de développement, alors que le stade embryonnaire est une phase de construction des organes.

FOLIATION

Structure présente dans certaines roches métamorphiques qui se caractérise par la formation de lits de minéraux et qui se superposent à la schistosité. La foliation donne un aspect rubané à la roche qui se présente sous forme d'une succession de lits à contenu minéralogique bien défini.

FOLLICULE CAVITAIRE

Syn. de follicule tertiaire.

FOLLICULE DE DE GRAAF

Cinquième stade de l'évolution d'un follicule ovarien. Le follicule de de Graaf se caractérise par la fusion, en une cavité unique, des différentes cavités apparues dans la granulosa d'un follicule tertiaire. C'est dans cette cavité ou antrum qu'est suspendu l'ovocyte avant l'ovulation.

FOLLICULE OVARIEN

Ensemble des cellules de l'ovaire entourant l'ovocyte. Élément constitutif de l'ovaire comportant un ensemble cellulaire d'abord plein, puis creusé d'une cavité renfermant l'ovocyte.

FOLLICULE PRIMAIRE

Deuxième stade de l'évolution d'un follicule ovarien. Il se caractérise par la formation d'une couche continue de cellules folliculaires qui entoure l'ovocyte I.

FOLLICULE PRIMORDIAL

Premier stade de développement du follicule ovarien qui se caractérise par un ovocyte I bloqué en prophase de première division de méiose. Cet ovocyte est entouré par quelques cellules folliculaires aplaties ne formant pas une couche continue, il mesure 30 µm.

FOLLICULE SECONDAIRE

Troisième stade de l'évolution du follicule ovarien. Le follicule secondaire est atteint un mois après la reprise d'activité, il mesure 100 µm et l'ovocyte I environ 60. Il se caractérise par la possession de deux couches de cellules folliculaires plus ou moins sphériques qui formeront la granulosa.

FOLLICULE TERTIAIRE

Quatrième stade de l'évolution du follicule ovarien. Le follicule tertiaire est formé 2 mois après la reprise d'activité du follicule, c'est un stade de croissance du follicule qui passe d'un diamètre de 3 mm à un diamètre de 16 à 27 mm. Le follicule tertiaire se caractérise par la formation d'une ou plusieurs cavités dans la granulosa dans laquelle sera suspendu l'ovocyte I. Il est délimité par deux autres couches de cellules formant la thèque interne et la thèque externe.

FOLLICULOSTIMULINE (FSH)

Hormone glycoprotéique appartenant à une famille multigénique, c'est une gonadostimuline ou gonadotrophine hypophysaire. La FSH est produite chez la femme par des cellules endocrines de l'antéhypophyse. La FSH provoque, chez la femme, la croissance des follicules de de Graaf, notamment en favorisant la multiplication des cellules de la granulosa et des thèques et la sécrétion des œstrogènes.
→ FSH.

FONCTION

Rôle que joue un tissu, un organe ou un système dans le mécanisme d'un ensemble organique plus complexe. L'étude de la fonction est le domaine de la physiologie qui est indissociable de l'étude de l'anatomie. Les fonctions organiques correspondent à des modifications structurales temporelles qui tendent à maintenir les constantes du milieu intérieur (homéostasie) ou à rétablir l'équilibre de l'organisme en cas de perturbations extérieures (régulation).

FORAMINIFÈRES

Unicellulaires essentiellement marins caractérisés par la fabrication d'une coquille calcaire appelée test. Leur diamètre varie du millimètre à plusieurs centimètres. Parmi les groupes les plus importants, on note les fusulines et les nummulites. D'une manière générale, les foraminifères sont de bons fossiles stratigraphiques.

FORCE

Produit de la masse d'un corps par son accélération.

FORCE ÉLECTROMOTRICE

Force qui maintient une différence de potentiel électrique ou qui entretient un courant électrique.

FOSSÉ D'EFFONDREMENT

Dépression dans la croûte terrestre encadrée par des bords escarpés, le fossé d'effondrement est appelé aussi graben ou rift.

FOSSILE

Reste d'être vivant (animal, végétal) ou de son activité (terrier, piste, trace, œuf) conservé dans la roche depuis des périodes reculées, à la suite d'un processus d'enfouissement ou

d'infiltration par des fluides minéralisés. Les roches qui contiennent des fossiles sont les roches sédimentaires ou peu métamorphisées.
→ Fossilisation.

FOSSILE DE FACIÈS

Fossile lié à un milieu de sédimentation particulier. Les coraux indiquent un milieu récifal, c'est-à-dire une eau peu profonde, claire, chaude, bien oxygénée ; leur présence indique un climat de type tropical.

FOSSILE STRATIGRAPHIQUE

Espèce ayant une grande répartition géographique mais ayant eu une durée de vie très brève à l'échelle des temps géologiques. Ces fossiles permettent de comparer l'âge de strates situées dans des régions différentes et donc d'établir, à distance, des corrélations temporelles.

FOSSILISATION

Transformations, en général une minéralisation, que subit un être vivant ou les restes de son activité à la suite de sa mort et de son enfouissement dans le sol. La fossilisation est un phénomène exceptionnel, en particulier pour les animaux et les végétaux de grande taille.
→ Fossile.

FRACTURE

Terme qui désigne toute cassure, dans des objets géologiques (couches, roches, minéraux), avec ou sans déplacement (fissure) des parties séparées. Les failles sont des fractures de l'écorce terrestre.

FRÉQUENCE ALLÈLIQUE

Proportion d'un allèle dans une population, c'est-à-dire nombre de cet allèle/nombre d'allèles dans l'ensemble des individus de la population pour le locus du gène considéré.

FSH

Sigle anglais de : *Follicle Stimulating Hormone.* Syn. folliculostimuline.

FUSEAU DE DIVISION

Ensemble de fibres, de nature protéique, participant à la séparation, puis à la migration des chromosomes au cours des divisions cellulaires. Syn. Fuseau achromatique.

FUSEAU NEUROMUSCULAIRE

Ensemble de cellules musculaires dont la partie centrale est différenciée en un mécanorécepteur qui mesure l'étirement du muscle. C'est l'étirement du fuseau neuromusculaire qui est à l'origine du réflexe myotatique.

FUSION PARTIELLE

Mécanisme conduisant à l'apparition d'une faible quantité de liquide dans une roche à l'état solide lors de la modification de la température, de la pression ou de l'hydratation.

FUSULINES

Foraminifères en forme en fuseau dont la taille est comprise entre un et 70 mm de long. Les fusulines ont vécu du Carbonifère au Permien dans des mers chaudes peu profondes. Les fusulines sont de bons fossiles stratigraphiques.

G

Ga

Giga années, nouvelle appellation du milliard d'années.

GABA

Sigle anglais pour Acide Gamma Amino-Butyrique. C'est un acide aminé qui n'est jamais intégré aux protéines. Il agit dans le cerveau comme neurotransmetteur dans 25 à 40 % des synapses cérébrales. Il se fixe sur les canaux Cl^- et provoque leur ouverture conduisant à une hyperpolarisation membranaire.

GABBRO

Roche magmatique plutonique ayant la composition chimique d'un basalte et constituant la partie inférieure de la croûte océanique. Les gabbros sont des roches grenues qui proviennent donc d'un refroidissement lent d'un magma. Ils sont de couleur générale vert noirâtre (pyroxènes) avec des plages blanches (plagioclases) plus ou moins étendues.

GAINE DE MYÉLINE

Manchon formé par les cellules de Schwann qui s'enroulent à espaces réguliers le long des axones. Les zones de l'axone non recouvertes par les cellules de Schwann constituent les nœuds de Ranvier où se situent les canaux Na^+ voltages-dépendants. La gaine de myéline constitue un isolant électrique qui améliore la vitesse de propagation de l'influx nerveux (conduction saltatoire).

GALET AMÉNAGÉ

Outil réalisé par les premiers hommes à partir de cailloux (silex). On distingue ceux qui ne possèdent qu'une seule face tranchante (chopper) de ceux qui en ont deux. On attribue ces premiers outils à *Homo habilis* et *Homo erectus*.
→ *Pebble culture.*

GAMÈTE

Cellule reproductrice haploïde ayant achevé la méiose et la différenciation cytoplasmique. Le gamète mâle est le spermatozoïde, le gamète femelle l'ovule ou ovotide.

GAMMAGLOBULINE

Type de protéines sériques définies par leur mobilité électrophorétique. Les gammaglobulines comprennent les différentes immunoglobulines circulant ainsi que d'autres globulines qui ne sont pas des anticorps.

GANGLION

Centre nerveux, situé en dehors du système nerveux central, formé par les corps cellulaires des neurones périphériques.

GANGLION LYMPHATIQUE

Structure plus ou moins globuleuse présente le long des vaisseaux lymphatiques où les antigènes entrant dans le milieu intérieur sont « attendus » par les cellules immunocompétentes. Les ganglions lymphatiques sont le lieu principal où se fait l'activation des lymphocytes. Syn. ganglion lymphoïde.

GANGLION SPINAL, GANGLION RACHIDIEN

Ganglion formé par les corps cellulaires des neurones sensitifs passant par la racine dorsale de la moelle épinière.

GÈNE

Segment d'ADN transcrit en ARN (ARNpm, ARNt, ARNr). L'ARNm est traduit en chaîne polypeptidique. Le gène comprend des régions qui précèdent ou qui suivent la région codante, formant des signaux de reconnaissance sur lesquels se fixe l'ARN polymérase.
→ Transcription, traduction.

GÈNE DE DÉVELOPEMENT

Gène qui n'intervient, en principe, que durant la mise en place du plan d'organisation de l'animal et qui en est responsable.
→ Gène homéotique.

GÈNE DE RÉGULATION

Gène dont la fonction est de modifier le taux de transcription d'autres gènes. Les gènes de régulation sont bien connus chez les procaryotes.

GÈNE DE STRUCTURE

Gène codant pour un ARNt, un ARNr ou une chaîne polypeptidique mais qui n'est pas régulateur.

GÈNE HOMÉOTIQUE

Gène dont l'existence est révélée par des mutations qui ont pour effet de transformer une partie du corps en une autre. Ces gènes interviennent très tôt dans le développement, ils ont pour effet de spécifier les caractéristiques des différentes parties de l'animal. On pense que leurs mutations, qui ont des effets spectaculaires sur le phénotype, ont joué un rôle considérable dans l'évolution des espèces. Les gènes homéotiques sont des gènes de développement.

GÈNES DES IMMUNOGLOBULINES

Famille de gènes qui codent les polypeptides constituant les imunoglobulines. Les gènes comprennent beaucoup de séquences similaires codant pour des parties différentes de la molécule d'immunoglobulines. On distingue quatre types de gènes appelés respectivement V, J, D, C. Au cours du développement des lymphocytes B, il y a des réarrangements de l'ADN qui conduisent à la jonction d'un exemplaire de chacun de ces différents gènes « élémentaires » pour former un gène complet codant une chaîne légère ou une chaîne lourde. On admet qu'il y a environ un milliard de combinaisons possibles Les récepteurs T sont produits suivant un mécanisme comparable, mais les détails sont moins connus.

GÈNES INDÉPENDANTS

Gènes qui sont hérités indépendamment les uns des autres, c'est-à-dire que les gamètes possèdent n'importe quelle combinaison des allèles parentaux. C'est la deuxième loi de Mendel. Les gènes sont indépendants : 1) s'ils sont portés par des paires différentes de chromosomesl ; 2) s'ils sont situés sur la même paire mais à une telle distance que l'apparition d'un chiasma (crossing-over) entre les deux gènes est un événement quasi certain. Dans le cas d'un dihybridisme, si les gènes sont indépendants, les proportions des 4 phénotypes en F_2 sont 9, 3, 3, 1 et dans le cas d'un croisement-test, chaque phénotype compte pour 25 % du total.

GÈNES LIÉS

Gènes qui ont tendance à être hérités ensemble en opposition avec la deuxième loi de Mendel qui stipule l'assortiment indépendant de chaque allèle. Cette tendance est due au fait que les loci des gènes liés sont très proches l'un de l'autre sur le même chromosome et que la probabilité d'être séparés par un crossing-over est faible. Les gènes liés sont des gènes dépendants.
→ Liaison, groupe de liaison.

GÉNIE GÉNÉTIQUE

Technique consistant à l'introduction de changements dans la molécule d'ADN d'un organisme vivant sans qu'il y ait intervention des moyens naturels de reproduction.

GÉNOME

Ensemble de tout le matériel génétique d'un être vivant. Le génome comprend, chez les procaryotes, le « chromosome » circulaire et les plasmides. Chez les eucaryotes, il est constitué par l'ADN nucléaire et l'ADN contenu dans les chloroplastes et les mitochondries.

GÉNOTYPE

Ensemble des gènes portés par les chromosomes. En génétique formelle, l'écriture du génotype consiste à préciser les allèles présents aux loci considérés, leur position respective (libres ou liés) ainsi que leur dominance ou récessivité.

GÉODYNAMIQUE

Étude des phénomènes géologiques dépendant de la dissipation des énergies interne et externe de la Terre.

GÉOTHERMIE

Chaleur libérée par la Terre qui peut être exploitée par l'homme. La géothermie est particulièrement développée dans les régions où le gradient géothermique est élevé (Islande).

GESTATION

Période durant laquelle une femelle porte ses embryons, puis ses fœtus dans son utérus ou ses utérus.

GLACIATION

Période climatiquement plus froide durant laquelle la quantité d'eau stockée sous forme de glace est supérieure à la « normale ». Les glaciations sont associées à des régressions marines, l'eau soustraite aux océans se trouve prise sous forme de glace dans les inlandsis et les glaciers, alors que les périodes interglaciaires correspondent à des transgressions marines provoquées par la fonte des glaces. Les glaciations les mieux connues sont celles du Quaternaire.

GLACIER

Étendue de glace formée par l'accumulation de couches de neige que la pression due à leur propre poids transforme progressivement en glace. Ainsi, la glace la plus profonde est donc la plus ancienne. On distingue : les inlandsis, les calottes glaciaires, les glaciers de cirque, les glaciers de vallée et les glaciers de piémont.

GLANDE

Cellule isolée ou agrégat de cellules spécialisées dans la production et la sécrétion de différentes substances. On distingue des glandes exocrines, qui libèrent leur sécrétion dans le milieu extérieur (glandes sudoripares) ou dans les cavités de l'organisme ouvertes sur l'extérieur (glandes digestives), et les glandes endocrines (hypophyse, ovaires, glandes surrénales...) qui libèrent leurs sécrétions (hormones) dans le sang.

GLAUCOPHANE

Amphibole de couleur bleue apparaissant dans des roches métamorphisées comme les schistes bleus. C'est un minéral repère des conditions de hautes pressions et basses températures.

GLOBIGÉRINES

Foraminifères à test calcaire, marins, pélagiques, très abondants dans la zone équatoriale.

GLOBULE ROUGE

Cellule sanguine, chargée d'hémoglobine, assurant le transport du dioxygène des poumons aux différentes cellules de l'organisme. Quand les globules rouges sont dépourvus de noyau (mammifères), ils sont appelées hématies.

GLUCIDE

Molécule organique composée de carbone, d'hydrogène et d'oxygène de formule brute $C_x (H_2O)_y$.

GLUCOSE

Glucide simple de formule brute $C_6H_{12}O_6$ trouvé dans toutes les cellules vivantes, plus particulièrement dans la sève des végétaux sous forme de saccharose et dans le milieu intérieur des animaux où sa concentration (glycémie) est très strictement régulée. Il est le produit terminal de la digestion des polymères glucidiques (amidon, glycogène, cellulose) et le nutriment le plus important du catabolisme oxydatif. Associé au fructose, il forme le saccharose.

GLYCÉRIDE

Ester du glycérol, les glycérides sont des lipides. Les glycérides interviennent dans la structure de la membrane plasmique et comme réserves.

GLYCÉROL

CH_2OH-$CHOH$-CH_2OH. Trialcool contenant deux fonctions alcool primaire et une fonction alcool secondaire. Ces fonctions peuvent être estérifiées par un, deux, ou trois acides. Le glycérol forme le squelette des glycérides qui sont des lipides.

GLYCINE

Le plus simple de tous les acides aminés. La glycine fonctionne aussi comme un neurotransmetteur inhibiteur dans le tronc cérébral et dans la moelle épinière au niveau des interneurones.

GLYCOLYSE

Dégradation du glucose en acide pyruvique dans le hyaloplasme (catabolisme). La glycolyse comporte dix étapes catalysées chacune par un enzyme spécifique. La glycolyse est anaérobie, elle produit deux transporteurs réduits et libère l'énergie nécessaire à la synthèse de 2 ATP (phosphorylation des substrats).

GNEISS

Roche métamorphique formée par l'empilement de lits sombres composés de minéraux ferromagnésiens (micas, amphiboles,...) et de lits clairs (blancs, gris, rosés) formés de quartz et de feldspaths. Dans les lits sombres, les cristaux sont allongés alors qu'ils sont granuleux dans les lits clairs.

GONADE

Nom générique utilisé pour désigner les testicules et les ovaires. Les gonades constituent les caractères sexuels primordiaux.

GONADOLIBÉRINE (GnRH)

Sigle anglais de *Gonadotrophin-Releasing Hormone* (hormone de libération des gonadotrophines hypophysaires ou gonadolibérines). Décapeptide, commun à tous les mammifères, produit par certains neurones de l'hypothalamus. La GnRH est libérée de manière pulsatile dans le système post-hypophysaire et stimule la libération de FSH et de LH aussi bien chez le mâle que chez la femelle.

GONADOSTIMULINE, GONADOTROPHINE, GONADOTROPINE

Hormone glycoprotéique qui agit sur le fonctionnement des gonades. On distingue des gonadostimulines ou gonadotrophines hypophysaires (FSH, LH) et la gonadostimuline ou gonadotropine chorionique ou placentaire (HCG).

GONADOTROPHINE CHORIONIQUE HUMAINE, GONADOTROPINE CHORIONIQUE (HCG)

Hormone glycoprotéique qui est d'abord produite par le chorion de l'embryon, puis par le placenta au cours de la gestation. Elle est éliminée rapidement dans les urines et permet un diagnostic précoce de la grossesse en utilisant des anticorps spécifiques dirigés contre elle.
→ HCG.

GONOSOME

Syn. hétérochromosome.

GRADIENT

Variation d'une valeur (concentration par exemple) en fonction de la distance.

GRADIENT GÉOTHERMIQUE

Augmentation plus ou moins régulière de la température avec la profondeur au sein du globe terrestre. Dans les couches superficielles de la croûte terrestre, le gradient géothermique moyen est de 3 °C/100 m. Le gradient géothermique est plus élevé au niveau d'une dorsale et moins élevé au niveau d'une zone de subduction.
→ Énergie interne.

GRAIN DE SÉCRÉTION

Grande vésicule provenant de la fusion de vésicules de petite taille issues de l'appareil de Golgi et contenant des molécules qui doivent être excrétées par la cellule.

GRAINE

Partie centrale du globe terrestre comprise entre 5 100 km et le centre de la Terre soit 6 375 km de profondeur. La graine solide (fer et nickel) ou noyau interne est séparée de la base du noyau externe liquide par la discontinuité de Lehman.

GRANITE

Roche magmatique plutonique, de teinte claire mais présentant toute une gamme de couleurs du blanc au gris en passant par le rose et le rouge. Pour un magma de même composition chimique qu'un granite et qui ne cristallise pas entièrement, on obtient comme roche volcanique équivalente une rhyolite. Le quartz, les feldspaths alcalins (orthose) et les plagioclases sont les minéraux essentiels et constituent 80 % du volume d'un granite. Les minéraux secondaires sont très diversifiés (micas, amphiboles...). Les granites constituent l'essentiel de la croûte continentale, ils apparaissent essentiellement dans les chaînes de montagnes et sont liés à leur formation, mais aussi comme des massifs intrusifs responsables d'un métamorphisme de contact.

GRANULOCYTE

Leucocyte à noyau plurilobé, les granulocytes sont appelés aussi polynucléaires. On distingue trois catégories : les granulocytes éosinophiles, basophiles et neutrophiles. Les neutrophiles sont les plus nombreux et les plus importants. Ils sont attirés par des substances chimiques produites par des micro-organismes et les phagocytent ainsi que les substances étrangères.

GRANULOSA

Ensemble des cellules folliculaires qui entourent l'ovocyte. Elles sont stimulées par la FSH et produisent des œstrogènes.

GRANUM

Empilement de plusieurs thylacoïdes dans le stroma d'un chloroplaste.

GREFFE

Intégration d'un tissu ou d'un organe dans un (autre) individu. Dans le cas d'une autogreffe, le donneur et le receveur sont le même individu. Une transfusion sanguine est une greffe d'un tissu liquide.

GREFFON

Tissu ou organe transféré sur un (autre) individu qui est le receveur.

GRÈS

Roche sédimentaire détritique formée de plus de 85 % de grains de quartz plus ou moins arrondis, de taille comprise entre 1/16 de mm et 2 mm assemblés par un ciment siliceux, calcaire ou à base de calcaire.

GRM, GRP

Sigle de globules rouges de mouton, globules rouges de poule. Cellules souvent utilisées dans les expériences d'immunologie comme antigène.

GROUPE SANGUIN

Phénotype d'individus humains correspondant à la présence de différents types de glycoprotéines à la surface des hématies. On distingue une vingtaine de groupes sanguins principaux : le système ABO, le système rhésus. Dans le système ABO, il y a trois allèles (A, B et un allèle nul O) conduisant à 4 phénotypes (A, B, AB, O). La mise en place des marqueurs A et B dépend aussi de l'existence d'un autre gène dont un des allèles, noté h, n'est pas fonctionnel. Ainsi, la transmission du groupe sanguin ABO correspond à un dihybridisme et non pas un monohybridisme comme on l'a longtemps cru.

GUANINE

Base azotée de la famille des bases puriques. La guanine se lie par trois liaisons hydrogène avec la cytosine.

GYPSE

Sulfate de calcium hydraté ($CaSO_4$, 2 H_2O), le gypse est une évaporite incolore ou de couleur blanchâtre, jaunâtre voire rougeâtre. Déshydraté, le gypse fournit le plâtre.

H

HAPLOÏDE

Se dit d'un organisme ou d'une cellule eucaryote qui ne possède qu'un seul lot de chromosomes homologues. Les gamètes, les champignons comme les levures ou les *Neurospora* sont des organismes haploïdes.
→ Diploïde.

HCG

Sigle anglais de *Human Chorionic Gonadotrophin.*
Syn. Gonadotrophine Chorionique Humaine.

HÉMAGGLUTINATION

Agglutination des globules rouges sous l'action d'une agglutinine (anticorps), c'est une réaction antigène-anticorps.

HÉMATIE

Globule rouge dépourvu de noyau. Les mammifères possèdent des hématies.

HÉMICRISTALLIN

Désigne les roches magmatiques dont une partie est formée de cristaux alors que le reste est sous forme de verre volcanique.

HÉMIPERMÉABLE

Caractérise une membrane qui laisse passer uniquement l'eau, mais pas les substances dissoutes.

HÉMISPHÈRES CÉRÉBRAUX

Partie la plus développée du cerveau chez les mammifères. L'extérieur ou cortex est formé par la substance grise, siège de toutes les activités élaborées du comportement humain. Dans la substance blanche sous-corticale se situent les noyaux gris de la base.

HÉMOGLOBINE

Protéine formée par quatre chaînes polypeptidiques deux à deux identiques. Chaque chaîne possède un groupement non protéine appelé hème contenant du fer et fixant 1, 2, 3 ou 4 molécules de dioxygène. L'hémoglobine est contenue dans les hématies.

HÉMOLYSE

Destruction des hématies à la suite d'une entrée d'eau provoquant un choc osmotique qui détruit la membrane plasmique et fait éclater la cellule.

HÉMOPHILIE

Maladie provoquée par un trouble de la coagulation du sang dû à un allèle récessif porté par le chromosome X. On distingue une hémophilie A et une hémophilie B.

HÉRÉDITAIRE

Capacité d'un descendant à développer un caractère de déterminisme génétique présent chez un ascendant.

HÉRÉDITÉ

Science qui étudie les modalités de la transmission des caractères sous contrôle génétique entre parents et descendants.

HÉTÉROCHROMOSOME

Chromosome appartenant à une paire responsable de la détermination du sexe XX pour la femme, XY pour l'homme. Les hétérochromosomes ne sont que partiellement homologues. La partie propre au chromosome Y porte peu de gènes : TDF = déterminant testiculaire, SRY (*Sex Determining Region* Y) présent dans le bras court de Y, hypertrichose auriculaire. La partie spécifique au chromosome X porte de nombreux gènes dont les allèles mutés sont responsables des maladies héréditaires liées au sexe. Syn. chromosome sexuel, hétérosome, gonosome.

HÉTÉROGAMÉTIQUE

Se dit du sexe qui forme deux catégories de gamètes qui diffèrent par la possession soit du chromosome X, soit du chromosome Y. Chez l'homme, ainsi que chez tous les autres mammifères et la drosophile, le mâle est le sexe hétérogamétique ; chez les oiseaux, c'est la situation inverse qui s'observe.

HÉTÉROLOGUE

Désigne deux chromosomes qui n'appartiennent pas à la même paire.

→ Homologue.

HÉTÉROTROPHIE

Caractéristique d'un être vivant qui ne peut élaborer sa propre matière organique qu'à partir de matière organique préexistante, c'est donc un consommateur (animaux, champignons).

HÉTÉROZYGOTE

Individu qui possède sur chaque chromosome homologue de la même paire un allèle différent d'un même gène.

HISTOCOMPATIBILITÉ

Mesure du degré de similitude des antigènes codés par le CMH entre le donneur et le receveur.

HIV

Sigle anglais de *Human Immuno-deficience Virus,* nom anglais du VIH (virus du sida).

HLA

Sigle anglais de *Human Leucocyte associated Antigen*, nom donné au Complexe Majeur d'Histocompatibilité (CMH) chez l'homme.

HOLOCRISTALLIN

Désigne les roches magmatiques entièrement formées de cristaux (granite, gabbro) pour les différencier de celles dont une partie est sous forme de verre volcanique.

HOMÉOSTASIE

Maintien des caractéristiques physico-chimiques du milieu intérieur par le jeu des rétroactions.

HOMINIDÉS

Famille de primates regroupant les espèces possédant une bipédie permanente, c'est-à-dire les différentes espèces d'australopithèque et d'homme.

HOMINISATION

Pour Teilhard de Chardin : « l'hominisation est l'ensemble des processus évolutifs par lesquels les hommes ont acquis les caractères qui les distinguent des autres primates ». L'hominisation concerne l'acquisition d'une bipédie de plus en plus parfaite, d'un encéphale de plus en plus volumineux et de mieux en mieux vascularisé, d'un langage articulé, d'activités industrielles et culturelles ainsi que du sens métaphysique.

HOMO

Genre d'hominidés caractérisé par une bipédie permanente, une capacité crânienne élevée, un larynx susceptible de permettre un langage articulé et la réalisation d'outils de plus en plus complexes accompagnée d'une montée du psychisme (art, religion,...). On distingue schématiquement cinq étapes d'hominisation représentées par *Homo habilis*, *Homo erectus*, *Homo sapiens archaïque*, *Homo sapiens neandertalensis*, *Homo sapiens sapiens*.

HOMOGAMÉTIQUE

Se dit du sexe qui ne produit qu'une seule catégorie de gamètes par rapport aux chromosomes sexuels. Dans l'espèce humaine la femme est homogamétique alors que chez les oiseaux, c'est le mâle.

HOMOLOGUE

→ Chromosome homologue, hétérologue.

HOMOLOGUE

Se dit de deux caractères anatomiques qui, chez des espèces ayant le même plan d'organisation, dérivent d'une même structure embryonnaire ou d'une même structure ancestrale même si au cours du développement ou de l'évolution, ces structures ont acquis des fonctions différentes.

HOMOZYGOTE

Individu qui possède pour un même gène le même allèle sur les deux homologues de la paire.
→ Hétérozygote.

HORIZON

Couche géologique de faible épaisseur que l'on peut distinguer dans un ensemble stratigraphique, en fonction de sa lithologie ou de son contenu fossilifère.

HORLOGE BIOLOGIQUE INTERNE

Rythme d'activité propre à un individu et défini par son patrimoine génétique. Ces rythmes endogènes sont modulés par des facteurs du milieu appelés synchroniseurs.

HORLOGE MOLÉCULAIRE

Mesure du temps écoulé depuis la divergence de différentes lignées actuelles à partir d'un ancêtre commun. Cette durée peut être estimée en comparant des séquences d'ADN ou de protéines entre deux espèces actuelles. Sur de longues périodes, l'accumulation de différences pour des nucléotides non sélectionnés semble uniquement proportionnelle au temps. Ainsi, de telles horloges peuvent être étalonnées en comparant des espèces dont on connaît, par les fossiles, la date de leur séparation.
→ Taux d'évolution.

HORMONE

Molécule produite par un organe ou une cellule spécialisé (glande ou cellule endocrine), transportée par le sang, et modifiant le fonctionnement d'un ou de plusieurs tissu(s) ou cellules, appelé(es) tissu(s) ou cellule(s) cibles.

HORMONE ANTIDIURÉTIQUE

Syn. ADH.

HORMONE FOLLICULOSTIMULANTE

Syn. folliculostimuline (FSH).

HORMONE GONADOTROPE

Syn. gonadostimuline (FSH, LH).

HORMONE LUTÉINISANTE (LH)

Hormone glycoprotéine proche de la FSH, c'est une gonadostimuline produite par l'antéhypophyse. Chez la femme, sa sécrétion pulsatile est cyclique. C'est un pic de LH, produit sous contrôle hypothalamique, qui déclenche l'ovulation. Après celle-ci, la LH déclenche la transformation du follicule ovarien en corps jaune.

→ Pulse.

HORMONES STÉROÏDES

Hormones lipidiques élaborées à partir du cholestérol. Les stéroïdes comprennent les œstrogènes, la progestérone, la testostérone et ses dérivés, les glucocorticoïdes et les minéralocorticoïdes.

HYBRIDATION MOLÉCULAIRE

Technique utilisée pour déterminer la ressemblance de deux brins d'acides nucléiques en associant deux acides nucléiques monocaténaires et en mesurant l'importance de la double hélice ainsi formée.

HYBRIDE

Individu résultant de la reproduction sexuée entre deux individus appartenant à deux espèces différentes. Les hybrides sont en principe stériles. En génétique formelle, le terme hybride s'emploie pour désigner les individus hétérozygotes issus du croisement de deux parents de races pures.

HYBRIDOME

Cellule artificielle réalisée par la fusion d'un lymphocyte B pris dans la rate et d'une cellule issue d'un myélome (cellule cancéreuse). L'hybridome se multiplie indéfiniment en culture. Il produit alors de très grande quantité d'anticorps tous identiques (anticorps monoclonaux).

HYDROLYSE

Destruction d'une liaison chimique par l'adjonction d'un ion OH^- et d'un ion H^+ provenant de l'eau avec pour conséquence la séparation de la molécule en au moins deux molécules plus petites. Les hydrolyses sont souvent catalysées par des enzymes, les hydrolases.

HYDROLYSE

Réaction chimique entre un minéral qui fixe les groupements (OH^-, H^+) de la molécule d'eau et donne de nouveaux composés. L'hydrolyse est la forme d'altération chimique la plus commune des minéraux des roches magmatiques ou métamorphiques.

HYDROSPHÈRE

Partie de la biosphère qui est occupée par tous les milieux aquatiques. L'ensemble des eaux océaniques totalise 97,4 % de l'eau libre de la planète, les eaux continentales et les eaux prises sous forme de banquise ne comptent que 2,6 %.

HYPERPOLARISATION

Augmentation de la différence de potentiel électrique de part et d'autre d'une membrane soit à la suite de l'entrée d'ions Cl^- au niveau d'une synapse inhibitrice, soit à la suite de la sortie excessive d'ions K^+ lors de la repolarisation membranaire à la suite d'un potentiel d'action.

HYPERTENSION

Élévation anormale de la pression sanguine dans le réseau artériel. L'hypertension est le plus souvent asymptomatique et on la découvre le plus souvent lors de prises de tension systématiques (consultation chez le médecin, médecine du travail). Pour l'OMS, on parle d'hypertension artérielle légère pour une pression systolique comprise entre 140 et 180 mm de mercure et/ou une pression diastolique comprise entre 90 et 105 mm si ces chiffres sont retrouvés à plusieurs reprises et que la tension artérielle est mesurée dans de bonnes conditions (au repos depuis plus de 5 min). Les causes de l'hypertension sont très diverses.

HYPERTONIQUE

Caractérise un milieu dont le nombre de molécules en solution est supérieur à celui d'un autre milieu qualifié d'hypotonique.

HYPERTROPHIE

Exagération du développement d'un organe ou d'un tissu à la suite d'une multiplication du nombre des cellules ou, plus rarement, d'une augmentation de leur taille.

HYPOPHYSE

Glande endocrine située sous l'hypothalamus. L'hypophyse est constituée de deux parties, la partie antérieure ou antéhypophyse produit des hormones, la partie postérieure ou posthypophyse déverse dans le sang des neurohormones produites par des neurones hypothalamiques. L'hypophyse est sous contrôle de l'hypothalamus.

HYPOTHALAMUS

Centre intégrateur du cerveau situé entre les voies sensorielles et les voies en provenance des centres nerveux supérieurs (cortex cérébral).
→ Complexe hypothalamo-hypophysaire.

HYPOTONIQUE

Caractérise un milieu dont le nombre de molécules en solution est inférieur à celui d'un autre milieu qualifié d'hypertonique.

I

Ig

Abréviation d'immunoglobuline. Syn. anticorps.

IgD

Immunoglobulines implantées dans la membrane des lymphocytes B, elles constituent les récepteurs B.

IgG

Immunoglobulines sécrétées par les plasmocytes à la fin de la réponse immunitaire primaire et durant la réponse immunitaire secondaire. Les IgG sont des anticorps circulants : elles traversent facilement les parois des vaisseaux et gagnent les liquides interstitiels, elles franchissent le placenta et donnent une immunité passive au fœtus. Les IgG se fixent sur les antigènes bactériens, viraux, sur les toxines et déclenchent l'action du complément.

IgM

Premières immunoglobulines sécrétées par les plasmocytes au cours de la réponse immunitaire primaire.

IMMUNISÉ

1. Se dit d'un animal qui a produit des anticorps protecteurs ou des lymphocytes T activés contre des agents pathogènes ou infectieux. L'animal immunisé devient alors résistant, pour un certain temps, à une nouvelle infection par le même agent.
2. Se dit aussi de l'action de protéger un organisme contre l'effet nocif de toxines, de micro-organismes par l'injection de

formes pathogènes rendues inoffensives (mais possédant les mêmes antigènes), par la prise en quantité croissante d'une substance toxique, ou par l'injection d'une toxine dénaturée (anatoxine), mais gardant le pouvoir antigénique initial.

IMMUNITÉ

Capacité à résister, à limiter le développement et à se débarrasser d'une maladie après avoir été infecté par des micro-organismes (virus, bactéries, champignons) ou des parasites. L'immunité innée est due à des barrières mécaniques (peau), chimiques (enzymes non spécifiques comme le lysozyme qui détruit les bactéries). L'immunité spécifique se développant tout au long de la vie est le produit de l'activité du système immunitaire et peut être acquise soit par un contact naturel avec un antigène (infection, envenimation), soit par la vaccination. L'immunité est de deux types. L'immunité à médiation humorale est le résultat de la production et de la sécrétion d'anticorps par les lymphocytes B devenus plasmocytes ; elle est principalement active contre les envenimations, les virus, les bactéries extracellulaires. L'immunité à médiation cellulaire est réalisée par des cellules dites cytolytiques ou cytotoxiques (lymphocytes T) ; elle est particulièrement dirigée contre les champignons, les cellules infectées par des virus, des bactéries et les cellules cancéreuses.

IMMUNOCOMPÉTENCE

Capacité de répondre à une stimulation antigénique, c'est-à-dire de différencier le soi du non-soi et du soi modifié. L'immunocompétence est acquise quand les lymphocytes expriment, à leur surface, les récepteurs spécifiques d'un déterminant antigénique donné ou du soi modifié.

IMMUNODÉFICIENCE

Défaut dans la capacité d'un organisme de produire une réponse immunitaire effective. L'immunodéficience peut être due à plusieurs causes : destructions des lymphocytes T4 (auxiliaires) par le virus du sida ; incapacité à produire des anticorps à la suite d'un mauvais fonctionnement des gènes des immunoglobulines ; absence de développement des différentes catégories de lymphocytes due à des anomalies génétiques.

IMMUNOGLOBULINE

Protéine hautement variable produite par les lymphocytes B et les plasmocytes qui en dérivent. Les immunoglobulines ou anticorps sont libérées dans le sang, mais aussi dans certaines sécrétions corporelles en réponse à la présence d'un antigène étranger. Chaque molécule élémentaire d'immunoglobuline est formée de deux chaînes légères et de deux chaînes lourdes identiques reliées entre elles par des ponts disulfure. Chaque molécule d'anticorps possède deux sites de fixation des déterminants antigéniques ou épitopes formés par les extrémités variables d'une chaîne légère associée à l'extrémité variable d'une chaîne lourde. En fonction de la nature de la région constante de la chaîne lourde, les immunoglobulines sont classées en 5 catégories (IgG, IgM, IgD...).

IMMUNOMARQUAGE

Repérage d'une molécule dans une cellule ou un organisme en la mettant en présence d'un de ses anticorps spécifiques (une molécule donnée possède plusieurs déterminants antigéniques) qui a été au préalable marqué par fluorescence ou radioactivité.

IMMUNOSUPPRESSION

Perte, le plus souvent temporaire, de la capacité à produire une réponse immunitaire adaptée. L'immunosuppression est due à des drogues qui tuent spécifiquement les lymphocytes ou à l'action de radiations. Les traitements immunosuppresseurs sont utilisés pour les différentes greffes afin de limiter les réactions de rejet.

IMMUNOTHÉRAPIE

Traitement curatif consistant à injecter des sérums contenant des anticorps spécifiques capables de neutraliser des antigènes du non-soi déjà présents dans l'organisme. Syn. sérothérapie.

INCLINAISON MAGNÉTIQUE

Angle que fait le prolongement de l'aiguille de la boussole avec le plan horizontal. Cette inclinaison matérialise le sens du vecteur champ magnétique. Les paléo-inclinaisons témoignent des paléolatitudes où se trouvaient les roches anciennes étudiées.

INDIVIDU SAIN

Individu ne présentant pas la maladie génétique considérée ; néanmoins cet individu peut être hétérozygote pour le gène responsable de la maladie si l'allèle est récessif.

INDUSTRIE PRÉHISTORIQUE

Ensemble des outils et des instruments fabriqués par les différents groupes humains. En fonction des méthodes de fabrication, des résultats obtenus, des matériaux utilisés, on distingue différents ensembles nommés d'après le lieu où ces premières industries ont été identifiées. Il y a dissociation entre l'évolution industrielle et l'évolution biologique.
→ Préhistoire.

INFECTION

Envahissement du milieu intérieur par des micro-organismes (virus, bactéries, champignons, parasites) qui provoquent des perturbations dans le fonctionnement de l'organisme.

INFLAMMATION

Ensemble des phénomènes réactionnels se produisant au point irrité ou perturbé par un agent pathogène. L'inflammation locale se caractérise par 4 symptômes : chaleur, douleur, rougeur et tuméfaction.

INFLUX NERVEUX

« Message » conduit le long de la fibre nerveuse. C'est une onde de dépolarisation qui voyage le long de la membrane de l'axone. L'énergie pour le déplacement de cette onde ne provient pas du stimulus, mais est fournie à mesure que le message avance. En conséquence, la nature du message nerveux n'est pas affectée par l'intensité du stimulus, mais cette dernière code sa fréquence. L'influx nerveux se manifeste par la succession des potentiels d'action qui constitue son support physique.

INFORMATION

Ensemble de données d'origine diverse pouvant être transmis par un signal ou une combinaison de signaux.

INFORMATION GÉNÉTIQUE

Ensemble des instructions contenues dans les gènes qui assure le développement de l'individu à partir de la cellule œuf, le fonctionnement individuel de chaque cellule et le fonctionnement intégré des différentes cellules dans l'organisme. Son support moléculaire est l'ADN, mais certains virus (rétrovirus) possèdent leur matériel génétique sous forme d'ARN.

INFORMATION NOCICEPTIVE

Information provenant des récepteurs (nocicepteurs) qui captent les sensations de douleur.

INHIBITION POSTSYNAPTIQUE

En neurophysiologie, c'est le processus par lequel l'augmentation de la fréquence des potentiels d'action sur le neurone présynaptique a pour effet d'accroître la quantité de neurotransmetteur inhibiteur libéré, ce qui a pour effet d'hyperpolariser davantage la membrane postsynaptique, rendant de plus en plus difficile la naissance de potentiels d'action postsynaptiques.

INNERVATION RÉCIPROQUE

Circuit nerveux dont le fonctionnement entraîne une inhibition des motoneurones innervant un des muscles antagonistes dont la contraction aurait pour effet d'empêcher le mouvement désiré. Cette inhibition se réalise par l'existence d'un interneurone établissant une synapse inhibitrice avec un des motoneurones.

INTÉGRATION

Prise en compte de nombreuses informations et coordination de leurs effets pour assurer le fonctionnement harmonieux d'un organisme.

INTÉGRATION NERVEUSE

Processus par lequel un centre nerveux, recevant un ensemble de messages différents, élabore des messages nerveux originaux à l'origine d'une réponse appropriée. Plus précisément, l'intégration nerveuse repose sur la propriété des neurones à faire le bilan « algébrique » entre les potentiels postsynaptiques excitateurs et les potentiels postsynaptiques inhibiteurs et de produire un nouveau message nerveux en réponse à de nombreux potentiels d'action provenant de neurones présynaptiques.

INTÉGRATION NEUROHORMONALE

Réponse coordonnée de l'organisme qui s'effectue au moyen de messages de nature nerveuse et hormonale.

INTERGLACIAIRE

Période comprise entre deux glaciations. Les interglaciaires sont des périodes au climat plus doux et plus humide qui sont marquées par le recul des glaciers et par la remontée des espèces de climat froid vers le nord.

INTERLEUKINE

Catégorie de protéines produites par les différentes cellules du système immunitaire et qui agissent, à distance, sur d'autres cellules de ce même système. On peut considérer les interleukines comme les hormones du système immunitaire.

INTERNEURONE

Neurone de petite dimension du système nerveux central, il est situé entre deux neurones. L'interneurone permet, dans le cadre d'une innervation réciproque, comme celle de l'arc réflexe myotatique, de bloquer le passage d'un message nerveux issu d'un neurone sensitif vers l'un des motoneurones.
→ Innervation réciproque.

INTERPHASE

Période du cycle cellulaire marquée par une réplication de l'ADN, une forte activité métabolique, une croissance cellulaire. L'interphase sépare deux mitoses ou précède une méiose. Elle se divise en trois périodes : une phase G1, une phase S, une phase G2.

INVERSION DES PÔLES

Changement de place entre le pôle Nord magnétique et le pôle Sud magnétique. Les causes de ces changements sont inconnues, mais on admet qu'ils se sont faits très rapidement. Ces inversions ont permis de réaliser une échelle paléomagnétique.

IRIDIUM

Métal très peu abondant dans les couches superficielles du globe. La découverte de cet élément en grande quantité dans les sédiments argileux marquant la fin du Crétacé a relancé le débat sur les causes de la disparition des dinosaures. Comme l'iridium est abondant dans des météorites, on a supposé qu'une météorite de 10 km de diamètre avait frappé la Terre il y a 65 Ma, provoquant un gigantesque cataclysme. La découverte d'iridium dans les laves du Piton de la Fournaise à la Réunion, qui est associé au trapp du Deccan, a suggéré que ce volcanisme était responsable des événements ayant marqué la fin du Crétacé. On sait maintenant que les éruptions du Deccan ont commencé avant le dépôt de l'iridium.

IRRADIATION

Exposition d'un être vivant ou d'un matériau quelconque à des radiations porteuses d'énergie qui ont pour effet de détériorer plus ou moins les molécules et plus particulièrement les molécules support de l'information génétique.

ISOLEMENT REPRODUCTIF

Propriété d'individus, appartenant à deux populations différentes, qui les empêche de se reproduire entre eux lorsque ces deux populations géographiquement isolées reviennent en contact. Cet isolement reproductif est dû à l'accumulation de mutations différentes entre ces deux populations qui entraîne des divergences (morpho-anatomiques, biochimiques, écologiques, éthologiques...).

ISOPAQUE

Se dit d'un pli dont l'épaisseur des couches plissées est la même quel que soit l'endroit du pli considéré. Ainsi, toutes les couches sont parallèles entre elles.

ISOTONIQUE

Qualifie deux compartiments liquidiens qui possèdent le même nombre de molécules en solution, mais pas nécessairement la même composition chimique.
→ Hypertonique, hypotonique.

ISOTOPE

Atome d'un même élément chimique ayant des masses nucléaires différentes. Les isotopes d'un même élément possèdent le même nombre d'électrons, répartis sur les mêmes orbitales ; ils ont donc exactement les mêmes propriétés chimiques, mais diffèrent par leur masse atomique. On distingue des isotopes stables (^{16}O et ^{18}O) et des isotopes instables ou radioactifs (^{14}C) qui se désintègrent en émettant des rayonnements.

J

JONCTION NEUROMUSCULAIRE

Syn. de synapse neuromusculaire.

K

KILOBASE

Unité de mesure de la taille d'un fragment d'ADN. Le kilobase correspond à 1000 paires de bases et mesure 3,4 µm.

L

LAME MINCE

Section de roche de quelques dixièmes de millimètre d'épaisseur montée entre une lame et une lamelle de verre destinée à être étudiée et identifiée au microscope polarisant. La lame permet de visualiser les différents minéraux constitutifs, de déterminer leur proportion et donc d'identifier la roche dont elle est issue.
→ Lumière polarisée.

LAVE

Roche en fusion, c'est-à-dire à l'état plus ou moins liquide qui sort à la surface de la croûte terrestre en un lieu appelé volcan. La température d'émission des laves est comprise entre 700 et 1 200 °C.

LAVE EN OREILLERS (*PILLOW LAVA*)

Lave produite par le volcanisme sous-marin. Les laves en oreillers ou en coussins se forment quand du magma basaltique fluide arrive dans l'eau qui en la refroidissant solidifie l'extérieur de la coulée qui se fige quelques instants ; puis sous l'effet de la pression exercée par la lave fluide sous-jacente, la mince croûte solidifiée craque, donnant naissance à un nouvel épanchement qui à son tour se fige et le cycle continue. Syn. *pillow-lava*.

LEUCOCYTES

Cellules du système immunitaire qui se sont différenciées en granulocytes, lymphocytes, monocytes, macrophages, plasmocytes et mastocytes. Syn. globules blancs.

LH

Sigle anglais de *Luteinizing Hormone*, l'hormone lutéinisante.

LIAISON HYDROGÈNE

Liaison électrostatique faible existant entre un atome d'hydrogène et un atome d'oxygène. Les liaisons hydrogène entre les bases azotées de la molécule d'ADN assurent le maintien des deux brins ; elles participent aussi au maintien de la structure tridimensionnelle des protéines.

LIAISON GÉNÉTIQUE, *LINKAGE*

Tendance pour des allèles parentaux à être hérités en bloc en contradiction avec la loi de Mendel de l'assortiment indépendant des gamètes. Cette tendance est due au fait que les loci considérés sont très proches les uns des autres et que la probabilité de recombinaison est extrêmement faible. Les gènes sont physiquement liés, ils sont dépendants les uns des autres.

LIAISON PEPTIDIQUE [CO – NH]

Liaison covalente reliant 2 acides aminés. La liaison peptidique relie la fonction COOH d'un acide aminé à la fonction NH_2 d'un autre acide aminé avec élimination d'une molécule d'eau.

LIBÉRINE

Neurohormone synthétisée et sécrétée par des neurones de l'hypothalamus dans les vaisseaux sanguins irriguant l'antéhypophyse. Ex. GnRH.

LIGASE

Enzyme qui rétablit certaines liaisons covalentes aux dépens de l'hydrolyse d'ATP. Il existe une ligase qui est capable de relier entre eux des nucléotides et de ce fait « colle » des séquences d'ADN.

LIGNÉE GERMINALE

Ensemble des cellules souches des gamètes et les différents stades cellulaires correspondant à la formation des gamètes.
→ Germen, méiose.

LIGNÉE HUMAINE

Ensemble des fossiles conduisant de l'ancêtre commun à l'homme et aux chimpanzés à l'homme moderne (*Homo sapiens sapiens*) en passant par les austalopithèques.

LIMINAIRE, LIMINAL

Relatif au seuil.

LIMON

Dépôt détritique meuble formé par accumulation de particules sédimentaires de petite taille (< à 62,5 µm) quelles que soient leur nature et leur origine. Un limon déposé par les vents est un lœss.

LINKAGE

Syn. liaison génétique.

LIPIDES

Molécules de structure variée essentiellement formées par du carbone et de l'hydrogène et un peu d'oxygène. Tous les lipides se caractérisent par un pôle hydrophile et un pôle hydrophobe qui définissent leur orientation par rapport aux molécules d'eau. Ils ne sont solubles que dans les solvants organiques (éther, acétone, chloroforme, benzène...). Les lipides sont constitués par les glycérides, les stéroïdes, les phospholipides, les glucolipides.

LIQUIDE MAGMATIQUE

Magma en fusion dont une partie a déjà cristallisé. Un liquide magmatique est la phase liquide résiduelle après une cristallisation fractionnée.

LIQUIDUS

Courbe expérimentale indiquant les conditions de pression et de température dans lesquelles un mélange de roches à l'état liquide commence à contenir des cristaux. Dans les conditions thermodynamiques intermédiaires entre les courbes de liquidus et de solidus, le mélange a subi une cristallisation fractionnée.
→ Solidus.

LIT

Couche sédimentaire de faible épaisseur.

LITHOSPHÈRE

Couche superficielle de la Terre, rigide, d'épaisseur comprise de 70 km sous les océans à 150 km sous les continents. La lithosphère est constituée de deux couches de nature chimique différente : la croûte terrestre et la partie la plus rigide du manteau supérieur séparée l'une de l'autre par la discontinuité de Mohorovicic. La lithosphère est scindée en une douzaine de plaques mobiles, les plaques lithosphériques. Leurs limites ont été définies par la répartition des séismes qui ont pour origine les frictions qu'exercent les différentes plaques les unes contre les autres.

LOCUS, LOCI

Position du gène sur le chromosome. Les cartes génétiques traduisent la position relative des différents loci sur les chromosomes, les cartes physiques indiquent leur position exacte.

LŒSS

Dépôt sédimentaire périglaciaire, à grains de diamètre inférieur à 62,5 µm, détritique, friable, pulvérulent, non stratifié. Le lœss provient du transport par le vent de fines particules de quartz, d'argile et de calcaire arrachées à des roches présentes à l'affleurement dans des zones steppiques balayées par le vent durant les périodes froides du Quaternaire où les forêts étaient absentes.

LOI DU TOUT-OU-RIEN

Caractéristique d'un neurone dont la réponse, avant que l'excitation ne dépasse la valeur seuil d'excitabilité, est proportionnelle à l'intensité du stimulus, mais qui, à partir du dépassement de cette valeur-seuil, n'est plus proportionnelle et se traduit par un train de potentiels d'action d'amplitude constante qui se propage le long du neurone.

LOIS DE MENDEL

Lois qui ont été formulées par Mendel au XIXe siècle à la suite de ses expériences sur les petits pois. – 1re loi ou loi d'uniformité des hybrides de première génération : tous les hybrides de première génération sont semblables si les parents étaient de races pures ; la seule exception à cette loi concerne les gènes portés par les chromosomes sexuels. – 2e loi ou loi de la disjonction : les hybrides de la deuxième génération sont différents les uns des autres et, à côté d'individus ayant le même phénotype que les parents, on voit apparaître des phénotypes recombinés. – 3e loi ou loi d'indépendance des caractères : dans le croisement de deux individus différant par plusieurs caractères (allèles), les caractères sont indépendants les uns des autres et se retrouvent associés chez les descendants comme s'ils avaient été distribués au hasard. Dans le cas d'un dihybridisme, les proportions obtenues en F2 sont 9/16, 3/16, 3/16, 1/16. Cette loi connaît des exceptions pour les gènes liés.

LUMIÈRE NATURELLE

Terme employé en minéralogie par opposition à une lumière polarisée pour caractériser une lumière dont les vibrations se propagent dans tous les plans.

LUMIÈRE POLARISÉE

Lumière dont les ondes ne vibrent plus que dans un seul plan, dit plan de polarisation, après être passées au travers d'un dispositif appelé polariseur. Le même dispositif placé perpendiculairement au précédent empêche le passage d'une telle lumière, il est dit analyseur. Si, entre le polariseur et l'analyseur, on place une lame mince, les minéraux qu'elle contient vont modifier les caractéristiques de la lumière polarisée ; celle-ci peut alors traverser l'analyseur mais avec disparition de certaines longueurs d'onde. Le minéral prend alors une coloration spécifique en lumière polarisée analysée. En faisant tourner l'analyseur, on obtient 4 positions appelées positions d'extinction où aucune lumière ne passe, et 4 positions d'intensité lumineuse maximale.

LUTÉAL

Qui se rapporte à la seconde phase du cycle menstruel.

LYMPHE

Liquide baignant tous les espaces intercellulaires. La lymphe est drainée par les vaisseaux lymphatiques qui sont en communication avec le sang au niveau des tissus lymphoïdes. Elle a la même composition que le plasma.

LYMPHOCYTE

Une des catégories de leucocytes. Les lymphocytes sont présents en grand nombre dans les tissus lymphoïdes, la lymphe et le sang. Il existe deux grandes catégories fonctionnelles, les lymphocytes B (LB) et les lymphocytes T (LT). Ces deux catégories participent à la réponse immunitaire spécifique.

LYMPHOCYTE B ACTIVÉ

Lymphocyte B mature ayant fixé un antigène sur ses immunoglobulines membranaires. À la suite de ce contact, le lymphocyte B se multiplie et donne naissance à un clone. Il se transforme en plasmocyte sécréteur d'anticorps. Certains lymphocyte B matures deviennent des cellules mémoire qui survivent plusieurs mois, voire plusieurs années, après le contact avec l'antigène.

LYMPHOCYTE B MATURE

Lymphocytes B qui produisent des récepteurs membranaires. Un lymphocyte B donné n'exprime qu'un seul type d'anticorps membranaires. Les lymphocytes B, après avoir été activés, en réponse à l'interleukine libérée par les LT4, se multiplient et se différencient en plasmocytes (ou en lymphocytes B mémoire) sécréteurs d'un type d'anticorps dont les sites de fixation du déterminant antigéniques sont identiques à ceux du récepteur membranaire du lymphocyte B sélectionné.

LYMPHOCYTE MÉMOIRE

Lymphocytes B ou T4 à longue durée de vie qui se multiplient peu après avoir été activés et qui n'achèvent pas leur différenciation. Les lymphocytes B mémoire qui viennent d'être activés produisent leurs anticorps en 7 jours alors que 12 sont nécessaires pour les LB qui viennent d'être activés. Les lymphocytes mémoire sont à la base de la réponse immunitaire secondaire.

LYMPHOCYTE T ACTIVÉ

Lymphocyte T mature ayant établi une liaison avec une CPA présentant du soi modifié complémentaire de son récepteur spécifique. Suivant le récepteur CD4 ou CD8 que possède ce lymphocyte, il se multiplie et se différencie en LT4 auxiliaire ou LT8 cytotoxique.

LYMPHOCYTE T AUXILIAIRE, LYMPHOCYTE T *HELPER* (LTh)

Lymphocyte T qui provient de l'activation d'un lymphocyte T4. Les lymphocytes T4 sont activés par des CPA. Ils forment un clone dont toutes les cellules possèdent sur leur surface le même récepteur membranaire au soi modifié que celui présenté par la CPA. Ils sécrètent entre autres de l'IL-2 qui entraîne la prolifération des lymphocytes B et des lymphocytes T8. Ils sont la clé de voûte de la réponse immunitaire et la principale cible du virus du sida.

LYMPHOCYTE T CYTOLYTIQUE

Lymphocyte effecteur de la réponse immunitaire à médiation cellulaire. Les lymphocytes T cytolytiques proviennent de la différenciation des LT8. Les LT cytolytiques se fixent par leurs récepteurs membranaires spécifiques aux cellules possédant le soi modifié (cellules infectées, cellules cancéreuses) complémentaire de leurs récepteurs. Ce contact provoque, de la part du LT, l'exocytose des perforines qui s'enchâssent dans la membrane de la cellule à détruire et forment un canal transmembranaire par lequel l'eau entre, ce qui provoque son éclatement. Syn. lymphocyte T cytotoxique.

LYMPHOCYTE T MATURE, THYMOCYTE MATURE

Lymphocyte T qui a achevé sa différenciation. Ces lymphocytes possèdent des récepteurs spécifiques à un type de soi modifié. Leurs différentes modalités d'action et leurs marqueurs membranaires spécifiques permettent de définir deux groupes principaux les LT4 et les LT8. Les lymphocytes T4 se lient par leur récepteur spécifique aux CPA présentant les peptides étrangers associés à des antigènes du CMH.

LYMPHOCYTE T4

Lymphocyte T présent dans les organes lymphoïdes périphériques. Les lymphocytes T4 se caractérisent par la possession du marqueur membranaire CD4. Ils possèdent à leur surface des récepteurs spécifiques, uniques pour un LT4 donné, du soi modifié présenté par les CPA. Le contact avec la CPA présentant un peptide antigénique associé à des antigènes du CMH produit son activation. Le LT4 se multiplie alors et donne naissance à un clone de lymphocytes T auxiliaires exprimant, à la surface de leur membrane, le même récepteur de surface.

LYMPHOCYTE T8

Lymphocyte T caractérisé par la possession du marqueur membranaire CD8. Les lymphocytes T8 possèdent à leur surface des récepteurs spécifiques, uniques pour un LT8 donné, du soi modifié présenté par les CPA. Ils sont activés par la liaison avec des CPA qui présentent des peptides antigéniques associés aux antigènes du CMH complémentaires de leur récepteur. Leur activation conduit à leur multiplication (sous l'effet de l'IL-2 sécrétée par les LT4) et à leur différenciation en lymphocytes cytolytiques.

LYMPHOCYTE VIERGE

Lymphocyte B ou T qui n'a pas rencontré son déterminant antigénique (LB) ou son soi modifié (LT) spécifiques.

LYMPHOKINE

Peptide produit et sécrété par les lymphocytes T activés. Les lymphokines ont une grande diversité d'effets parmi lesquels la prolifération et la différenciation des autres cellules du système immunitaire. Les interleukines et l'interféron gamma sont des lymphokines.

LYSE

Destruction d'une cellule par un choc osmotique. Les lymphocytes cytolytiques insèrent dans la membrane des cellules à détruire des protéines (perforines) qui forment un canal d'entrée pour l'eau. Le milieu intracellulaire étant hypertonique par rapport au milieu extracellulaire, la cellule éclate sous la pression de l'eau.
→ Complexe d'attaque membranaire.

M

MACLE

Groupement de deux ou plusieurs cristaux de même nature dont l'orientation obéit à des lois géométriques bien précises, conditionnées par la symétrie du réseau cristallin.

MACROMOLÉCULE

Polymère formé par l'association de molécules simples appelées monomères : acides nucléiques (polymère de nucléotides), protéines (polymères d'acides aminés), polyholosides (polymères de glucose). Les lipides ne sont pas considérés comme des macromolécules.

MACROPHAGE

Cellule qui provient de la transformation d'un monocyte dans les tissus. Les macrophages ont une durée de vie assez longue (plusieurs mois). Certains résident en permanence dans les tissus conjonctifs (foie, poumons), ils sont particulièrement nombreux dans les ganglions lymphatiques, la rate, en fait là où ils rencontrent les agents pathogènes. Ils pratiquent la phagocytose, à l'aide de leurs pseudopodes, des antigènes (étrangers ou non) et les présentent après découpages en petits peptides (déterminants antigéniques), associés aux antigènes du CMH aux LT4 et aux LT8. Ce sont des cellules présentatrices d'antigènes (CPA). Les macrophages interviennent comme effecteurs de la réponse immunitaire en phagocytant les complexes immuns et les débris cellulaires provenant de la réponse immunitaire spécifique ou non spécifique.
→ Activation des macrophages, inflammation.

MACROPHAGE INFECTÉ

Macrophage ayant ingéré, par phagocytose, un agent pathogène. L'agent pathogène peut : 1) rester à l'état latent dans la cellule ; 2) tuer la cellule ; 3) être détruit par la cellule. Les peptides antigéniques produits, associés aux antigènes du CMH, sont exportés à la surface de la membrane ; le macrophage devient alors une CPA qui déclenche une réaction immunitaire spécifique.

MAGMA

Liquide ayant une température, en général, supérieure à 600 °C qui, en se refroidissant et en se solidifiant, donne naissance à des roches appelées roches magmatiques. Suivant la vitesse de refroidissement de ce liquide, on distingue des roches (magmatiques) plutoniques, quand le refroidissement du magma se fait lentement au cours de la remontée et donne naissance à des roches grenues entièrement cristallisées, et des roches (magmatiques) volcaniques ou effusives quand le refroidissement s'achève rapidement à la surface et donne des roches microlitiques ou vitreuses non entièrement cristallisées.

MAGNÉTISME TERRESTRE

Propriété que possède la Terre d'attirer le fer ; elle se comporte donc comme un aimant dipolaire dont le barreau serait placé au centre de la Terre. L'axe de ce dipôle perce la surface terrestre au pôle Nord magnétique et au pôle Sud magnétique. C'est donc au niveau des pôles magnétiques que convergent les forces du champ magnétique terrestre.

MAGNÉTITE NICKÉLIFÈRE

Oxyde de fer à forte concentration en nickel qui ne peut se former qu'à partir d'une roche à haute teneur en nickel dans un milieu riche en dioxygène. Ces conditions ne semblent jamais réunies sur Terre, mais le sont quand une météorite contenant du nickel entre dans l'atmosphère.

MAGNÉTOCHRONOLOGIE

Chronologie basée sur la succession des inversions magnétiques.

MALADIE AUTO-IMMUNE

Maladie due à l'attaque et à la destruction des cellules d'un individu par son propre système immunitaire (diabète juvénile, myasthénie, sclérose en plaques)...

MALADIE OPPORTUNISTE

Maladie infectieuse ou non dont l'agent causal est en principe éliminé par le système immunitaire, mais qui se développe quand l'individu atteint présente une immunodéficience (sida). Exemples : pneumonies, infections disséminées, diarrhées, tuberculose, méningites, sarcome de Kaposi.

MANTEAU

Deuxième enveloppe solide du globe, située sous la croûte terrestre, sa limite supérieure est le Moho. Sa limite inférieure se trouve à 2 900 km de la surface. On distingue un manteau supérieur et un manteau inférieur ou mésosphère. Le manteau supérieur s'étend jusqu'à 670 km de profondeur, il est de nature péridotitique et, à partir d'une profondeur moyenne de 100 km et jusqu'à environ 400 km, il est partiellement fondu et forme l'asthénosphère sur laquelle les plaques lithosphériques glissent et/ou sont entraînées.

MARNE

Roche sédimentaire formée d'un mélange de carbonate de calcium et d'argile comptant pour 35 à 65 %. Les marnes ont une composition chimique intermédiaire entre les calcaires marneux (5 à 35 % d'argile) et les argiles calcareuses ou marnes argileuses (65 à 95 % d'argile).

MARQUEUR

Molécule présente à la surface d'un type de cellule et qui la caractérise. Les antigènes du CMH, des groupes sanguins, les molécules CD sont des marqueurs membranaires.

MARQUEUR GÉNÉTIQUE

Terme utilisé pour décrire une portion d'ADN ou un gène dont les propriétés et parfois la position sur le chromosome sont connues. Ces marqueurs sont utilisés pour repérer certaines cellules ou comme point de référence quand on cartographie les loci sur les chromosomes.

MATIÈRE MINÉRALE

Ensemble des molécules qui ne contiennent pas de carbone réduit. La matière minérale comprend les différentes formes de carbone oxydé comme le dioxyde de carbone et le monoxyde de carbone, les sulfates, les nitrates, les phosphates, les nitrites, l'eau...

MATRICE

Brin d'ADN qui sert de moule, par l'intermédiaire de la complémentarité des bases, à la synthèse d'un brin (ADN ou ARN) qui lui est donc complémentaire.

MATURATION DES LYMPHOCYTES

Transformation progressive des lymphocytes ne possédant pas encore de récepteurs spécifiques en cellules immunocompétentes à l'origine d'un clone.

MÉIOSE

Suite de deux divisions d'une cellule diploïde, aboutissant à 4 cellules haploïdes. La première division est réductionnelle, le nombre de chromosomes est divisé par 2 avec migration dans chaque cellule fille de n chromosomes (un de chaque paire) à 2 chromatides. Elle comprend la prophase I, la métaphase I, l'anaphase I et la télophase I. La seconde division est équationnelle, avec fissuration du centromère, amenant dans chaque cellule fille des chromosomes à une chromatide. Elle comprend aussi quatre phases : prophase II, métaphase II, anaphase II et télophase II.

MÉIOSE ATYPIQUE OU ANORMALE

Méiose caractérisée par la non-disjonction d'une paire de chromosomes au moins ou par la non séparation des chromatides sœurs au cours de la seconde division de méiose, les autres paires subissant le déroulement normal de la méiose. Les monosomies et les trisomies sont dues à des méioses atypiques.

MEMBRANE PRÉSYNAPTIQUE

Membrane du neurone qui libère par exocytose, à la suite de l'arrivée d'un train de potentiels d'action, le neurotransmetteur.

MÉMOIRE IMMUNITAIRE

Capacité que possède le système immunitaire de réagir plus rapidement et plus efficacement lors de contacts ultérieurs avec un antigène déjà reconnu. La mémoire immunitaire repose sur l'existence de lymphocytes B et T n'ayant pas achevé leur différenciation.
→ Lymphocyte mémoire, réponse immunitaire secondaire.

MENSTRUATIONS

Destruction de la muqueuse utérine et écoulement sanguin à la fin de chaque cycle menstruel. Les menstruations sont provoquées par la chute conjointe du taux d'œstrogènes et de progestérone qui entraîne la destruction des vaisseaux spiralés. Syn. règles.

MER ÉPICONTINENTALE

Mer de faible profondeur se trouvant au-dessus du plateau continental, c'est-à-dire en bordure des continents.

MESSAGE

Élément matériel par lequel un ensemble de données (informations), organisé suivant un code, se déplace d'un émetteur à un récepteur.
→ Messager.

MESSAGE NERVEUX

Données traduisant des stimuli ou contenant des ordres véhiculés par l'intermédiaire de cellules électriquement excitables, les neurones. Le codage de ces informations est assuré par la fréquence des potentiels d'action se déplaçant le long de la membrane des cellules nerveuses.

MESSAGER

Support physique du message. Ex. les hormones ; la quantité d'hormone constitue le message.

MÉTABOLISME

Ensemble des réactions enzymatiques qui se déroulent au sein d'un être vivant et plus spécifiquement dans ses cellules et dans son milieu intérieur. On distingue un catabolisme qui dégrade les molécules des structures cellulaires et les molécules absorbées en petites molécules avec libération d'énergie (réactions exergoniques) et un anabolisme qui conduit à la formation de molécules complexes à partir de petites molécules exogènes et endogènes avec consommation d'énergie (réactions endergoniques).

MÉTACENTRIQUE

Se dit d'un chromosome qui possède 2 bras d'égale longueur.

MÉTAMORPHISME

Transformation d'une roche à l'état solide du fait des changements des conditions thermodynamiques après sa formation. La température et la pression sont les deux facteurs responsables de ces transformations qui touchent aussi bien les minéraux qui la constituent que ses caractéristiques macroscopiques. Au cours du métamorphisme, il se forme de nouveaux minéraux dits minéraux néoformés et les roches métamorphisées présentent une structure et une texture nouvelles. Suivant l'importance des zones touchées par le métamorphisme, on distingue un métamorphisme régional ou général (températures et pressions moyennes à fortes) et un métamorphisme de contact ou thermométamorphisme (hautes températures, faible pression). Dans le métamorphisme régional, par un enfouissement de plusieurs kilomètres d'épaisseur, les roches initiales se trouvent soumises à une augmentation de température et de pression due au poids des roches situées au-dessus qui comprime les minéraux et a tendance à les orienter parallèlement à la surface (foliation). Il existe aussi des foliations verticales dans les grands décrochements et raccourcissement pur. Le métamorphisme de contact est localisé autour des intrusions magmatiques, la zone métamorphisée forme une auréole où l'intensité des transformations décroît en fonction de l'éloignement.
→ Diagramme PT, PTT.

MÉTAPHASE

Deuxième stade des divisions cellulaires (mitose et méiose) pendant lequel les chromosomes à 2 chromatides se placent à l'équateur de la cellule.

MÉTASTASE

Cellule qui s'est détachée d'une tumeur cancéreuse et qui a été entraînée dans le milieu intérieur. Les métastases s'implantent dans d'autres parties du corps où elles se multiplient de nouveau, donnant naissance à de nouvelles métastases à l'origine d'un cancer généralisé.

MÉTÉORITE

Morceau de matière venu de l'espace. Les météorites connues ont une masse allant du gramme à 60 tonnes, mais de plus grosses ont dû frapper la Terre au cours des temps géologiques. Les météorites métalliques sont constituées essentiellement par des métaux (Fe, Ni), on pense que leur composition chimique reflète celle du centre de la Terre. Les météorites pierreuses, dont la couche externe est vitrifiée, sont composées de silicates (pyroxènes, olivine) et de quelques éléments métalliques (Fe, Ni). Suivant la structure de la météorite on distingue : les chondrites contenant des grains métalliques et des sphérules (ou chondres) composées de cristaux de silicates, et les achondrites qui en sont dépourvues, pauvres en métaux et formées de cristaux d'olivine et de pyroxènes les rapprochant des gabbros terrestres. Certaines chondrites, les chondrites carbonées, contiennent jusqu'à 5 % de matière organique d'origine extraterrestre.

MICA

Silicate formé de feuillets élémentaires qui se détachent plus ou moins facilement les uns des autres. Les atomes de silice sont parfois remplacés par des atomes d'aluminium et les feuillets sont reliés entre eux par des cations potassium, sodium, fer, magnésium. Les micas font partie de la famille des minéraux argileux et apparaissent plus particulièrement dans certaines roches métamorphiques (schistes, micaschistes, gneiss).

MICASCHISTE

Roche métamorphique commune, à grain moyen, présentant une schistosité et une foliation marquées avec de nombreux micas apparents responsables d'une partie de la schistosité. Les micaschistes sont composés principalement de micas blancs ou noirs, de quartz et de feldspaths associés à d'autres minéraux : andalousite, grenat... Les micaschistes proviennent le plus souvent de la transformation d'une argile dans le contexte du métamorphisme régional.

MICROÉLECTRODE EXCITATRICE, RÉCEPTRICE

Conducteur électrique de petite taille qui permet de créer une perturbation locale du potentiel électrique dans une cellule (excitatrice). Conducteur électrique de petite taille capable de transmettre une différence de potentiel entre deux points de la membrane d'une cellule ou entre le milieu extracellulaire et intracellulaire (réceptrice).

MICROFOSSILE

Fossile dont les dimensions réduites ne permettent qu'une étude à la loupe. Les protozoaires constituent un groupe important de microfossiles.

MICROFRACTURE

Cassure de petite dimension présente dans une roche. Une microfracture peut traverser un cristal et le couper en plusieurs morceaux, ce qui favorise son altération chimique.

MICROLITIQUE

Désigne des roches volcaniques formées de petits cristaux, les microlites, qui ne sont pas visibles à l'œil nu. Les microlites sont souvent des feldspaths. Les basaltes sont des roches microlitiques avec de gros cristaux verts d'olivine.

MICROPILULE

Pilule contraceptive, contenant uniquement de la progestérone à très faibles doses ; c'est donc une pilule microdosée. La micropilule ne bloque pas l'ovulation, mais rend impropre une nidation ; de plus elle modifie la texture de la glaire cervicale et la rend impropre au passage des spermatozoïdes.

MIGMATITE

Roche présente à l'affleurement, formée de gneiss et de granite. Les migmatites proviennent d'un processus d'anatexie encore incomplet. Avec l'augmentation de la température et la diminution de la pression, les gneiss commencent à fondre et donnent, en se cristallisant, un granite d'anatexie ; si le processus se poursuit, les gneiss fondent complètement et le magma en se refroidissant donne un granite d'anatexie.

MILIEU AÉRIEN

Terme synonyme de milieu terrestre que l'on oppose à milieu aquatique pour insister sur les différences entre les propriétés physiques et chimiques de l'eau et de l'air qui différencient ces deux milieux.

MILIEU INTÉRIEUR

Ensemble des liquides de l'organisme (sang, lymphes).

MILIEU TERRESTRE

L'ensemble des terres immergées. Le milieu terrestre se caractérise par sa faible portance (poussée d'Archimède quasi nulle), sa faible disponibilité en eau (milieu déshydratant) et l'abondance du dioxygène (21 %).

MINÉRAL

Qualificatif employé pour désigner des molécules qui ne contiennent pas de carbone associé à des atomes d'hydrogène. Le carbone contenu dans le CO_2 est du carbone minéral par opposition à celui présent dans le méthane (CH_4) qui est du carbone organique.

MINÉRAL
Espèce chimique naturelle formée le plus souvent par un motif cristallin de taille variable. La classification des minéraux repose sur des critères chimiques (composition atomique) et des critères cristallographiques (agencement des atomes les uns par rapport aux autres).

MINÉRAL DU MÉTAMORPHISME
Minéral dont la nature du réseau cristallin dépend des conditions de pression et de température régnant au moment de sa cristallisation. Ainsi, le silicate d'alumine $SiAl_2O_5$ donne du disthène pour des pressions élevées et des températures moyennes alors qu'il donne naissance à de la sillimanite pour des pressions comparables, mais des températures plus élevées ; dans des conditions de basse pression et pour une gamme de température étendue, le silicate d'alumine cristallise en andalousite.

MITOCHONDRIE
Organite formé par deux membranes dont l'interne est plissée et forme les crêtes mitochondriales qui portent les sphères pédonculées responsable de la synthèse d'ATP. L'espace central de la mitochondrie est la matrice dans laquelle se déroule le cycle de Krebs.
→ Respiration.

MITOSE
Période de faible activité métabolique de la cellule eucaryote, marquée par un partage égal de l'information génétique, répliquée durant l'interphase, entre les deux cellules filles. Ce terme est réservé à la division des cellules eucaryotes des organismes pluricellulaires. La mitose comprend quatre phases : prophase, métaphase, anaphase, télophase.

MODULATION D'AMPLITUDE
Codage d'un stimulus par un récepteur sensoriel qui s'effectue par la variation de l'amplitude de la dépolarisation en fonction de l'intensité de la stimulation. Dans une cellule réceptrice au niveau du site de transduction, le potentiel de membrane varie proportionnellement à l'intensité du stimulus, qui est codée, au niveau du site générateur, par la variation de la fréquence des potentiels d'action.

MODULATION DE FRÉQUENCE
Codage d'un stimulus ou d'un message nerveux par la fréquence des potentiels d'action et non par la variation de l'amplitude de ceux-ci.
→ Loi du tout-ou-rien.

MOELLE OSSEUSE

Tissu présent dans certains os et plus particulièrement les os longs où se réalise l'hématopoïèse. Toutes les cellules du système immunitaire proviennent d'une cellule souche. Les lymphocytes B et T naissent dans la moelle osseuse, les LB s'y différencient alors que les lymphocytes T se différencient dans le thymus.

MOELLE ÉPINIÈRE

Centre nerveux situé dans le prolongement du cerveau. La moelle épinière est formée de substance blanche se trouvant à l'extérieur et de substance grise à l'intérieur. Entre chaque vertèbre, elle présente des expansions latérales symétriques formant les racines de la moelle. Les racines dorsales ou postérieures sont le lieu d'entrée des fibres nerveuses afférentes (sensitives) dont les corps cellulaires se trouvent dans les ganglions rachidiens. Ces fibres sensitives établissent des synapses avec des neurones moteurs qui sortent de la moelle par la corne ventrale ou antérieure. Les deux racines d'un même côté se rejoignent et forment, entre chaque vertèbre, les nerfs rachidiens qui sont des nerfs mixtes. La moelle épinière est le centre nerveux des réflexes médullaires.

MOHOROVICIC (DISCONTINUITÉ DE)

Appelée plus simplement Moho, cette discontinuité marque la limite inférieure entre d'une part les granites des continents et gabbros océaniques et le manteau supérieur de nature péridotitique d'autre part. Cette discontinuité traduit un changement de nature des roches constituant la lithosphère. Le Moho est situé en moyenne à environ 10 km de profondeur sous les océans et 30 km à 40 km sous les continents et jusqu'à 70 sous les chaînes de montagnes.

MOLÉCULE PRÉBIOTIQUE

Molécule organique formée sans l'intervention d'êtres vivants. Les expériences de Miller ont permis de fabriquer de telles molécules (acides aminés, bases azotées, oses, ATP...).

MONGOLISME

Syn. de syndrome de Down, trisomie 21.

MONOCATÉNAIRE

Se dit d'un acide nucléique formé d'un seul brin. L'ARNm et l'ADN de certains virus ne sont formés que d'une chaîne de nucléotides.

MONOCYTE

Catégorie de leucocytes qui circulent dans le sang et en présence de protéines étrangères, augmentent de volume et deviennent des macrophages. Les monocytes sécrètent des cytokines.

MONOHYBRIDISME

Croisement dans lequel les deux parents ne se distinguent que par un seul caractère (gène).

MONOMORPHE

Se dit d'un gène qui ne possède qu'un allèle.
→ Polymorphe.

MONOSOMIE

Absence d'un des homologues dans une paire de chromosomes, le chromosome manquant est noté 0
→ Syndrome de Turner, anomalie chromosomique.

MORAINE

Accumulation de blocs rocheux tombés sur un glacier ou arrachés aux flancs et au fond de la vallée et transportés à la suite de son avancée.

MORPHINE

Molécule de la famille des opiacées, extraite du pavot. La morphine se fixe sur des récepteurs cellulaires qualifiés de morphiniques ou de récepteurs opioïdes qui fixent normalement les morphines endogènes (enképhalines et endorphines). La morphine est donc un analogue structural des enképhalines au niveau du site de reconnaissance du récepteur membranaire.

MOTONEURONE

Neurone dont le corps cellulaire se situe dans la substance grise de la moelle épinière et qui est responsable de la propagation d'un message nerveux déclenchant des contractions musculaires.

MUCOVISCIDOSE

Maladie autosomique récessive entraînant un excès de certaines sécrétions (poumons, pancréas). La mucoviscidose touche un enfant sur 2 000 et la fréquence des hétérozygotes dans la population est de 1/22,5.

MUSCLES ANTAGONISTES

Couple de muscles squelettiques formé par un muscle extenseur et un muscle fléchisseur situés de part et d'autre d'une articulation et qui sont responsables respectivement de l'ouverture et de la fermeture de l'articulation.

MUSCOVITE
Espèce la plus répandue de mica blanc.

MUTAGÈNE
Se dit d'un agent physique (rayonnements...) ou chimique (gaz moutarde, amiante...) qui provoque des mutations.

MUTATION
Modification de la séquence des nucléotides de l'ADN, ou d'une manière plus générale, toute modification héréditaire du matériel génétique.

MUTATION CHROMOSOMIQUE
Modification du matériel héréditaire qui affecte tout ou partie d'un chromosome (délétion, insertion, translocation).

MUTATION FAUX-SENS
Mutation ponctuelle conduisant au remplacement d'un acide aminé par un autre dans la chaîne polypeptidique codée par le gène muté. Ces mutations sont à l'origine des différents allèles.

MUTATION GERMINALE
Mutation touchant l'ADN des cellules souches des gamètes. La mutation germinale se transmet donc à la descendance.

MUTATION NON-SENS
Mutation ponctuelle conduisant au remplacement d'un acide aminé par un codon stop, ce qui provoque un arrêt de la traduction et donc une chaîne polypeptidique incomplète.

MUTATION PONCTUELLE
Modification d'une seule paire de bases azotées dans la molécule d'ADN lors de la réplication ou à la suite de l'intervention d'un agent mutagène. Une paire A-T peut être remplacée par une paire T-A, G-C, ou C-G.

MUTATION SILENCIEUSE
Mutation ponctuelle ne conduisant pas à une substitution d'acide aminé. Cette caractéristique est due à la redondance du code génétique.

MYCÉLIUM
Appareil végétatif constitué de filaments (hyphes) des champignons. Le mycélium s'oppose au « chapeau » qui forme l'organe reproducteur des champignons supérieurs et aux asques des champignons inférieurs (moisissures).

MYÉLINE

Lipide très abondant dans la membrane des cellules de Schwann. La myéline possède une grande résistance électrique qui est à l'origine de la conduction saltatoire de l'influx nerveux dans les fibres myélinisées.

MYOGLOBINE

Protéine présente dans les cellules musculaires et capables de stocker du dioxygène. La myoglobine possède une structure homologue à une des chaînes de la molécule d'hémoglobine.

MYOMÈTRE

Partie interne de la paroi utérine formée de tissu musculaire lisse et de tissu conjonctif, riche en éléments vasculaires et nerveux.

MYOPATHIE DE DUCHENNE

Maladie récessive dont le gène responsable est porté par le chromosome X. Le gène code une protéine musculaire, la dystrophine, qui, chez les individus atteints de myopathie, n'est pas fonctionnelle, ce qui conduit à une dégénérescence des cellules musculaires ; elle touche un garçon sur 5 000.

N

NARCOTIQUE

Médicament dont l'action produit l'assoupissement, la perte des capacités de contraction musculaire et de la sensibilité allant jusqu'à l'endormissement.

NERF

Ensemble de fibres nerveuses emballé dans un tissu de protection qui relie le système nerveux central à différentes parties du corps. Une coupe transversale dans un nerf montre des vaisseaux sanguins et des fibres nerveuses de diamètre différent isolées, le plus souvent, les unes des autres par les gaines de myéline.

NERF CERCAL

Nerf sensitif, symétrique, présent chez la blatte, il relie les cerques au 6e ganglion de la chaîne nerveuse abdominale. Les neurones de ce nerf sont reliés à des soies sensorielles dont le mouvement, à la suite d'un déplacement d'air, donne naissance à un message nerveux qui peut provoquer une réaction de fuite.
→ Nerf paracercal.

NERF DE CYON

Nerf sensitif partant de la crosse aortique. Les nerfs de Cyon, droit et gauche, forment des synapses dans le bulbe rachidien (centre parasympathique cardiomodérateur) d'où partent des voies effectrices. Les extrémités sensorielles de ces nerfs sont sensibles aux variations de tension de la paroi de la crosse aortique mais aussi aux variations de la composition chimique du sang (présence de chémorécepteurs). Syn. nerf de Ludwig-Cyon

NERF DE HERING

Nerf sensitif reliant un sinus carotidien au centre bulbaire (centre parasympathique cardiomodérateur). Les extrémités sensorielles des nerfs de Hering sont sensibles aux variations de tension de la paroi artérielle et aux variations de la composition chimique du sang. Toute variation de la pression à ce niveau provoque, par voie réflexe, une réaction compensatrice en sens opposé.

NERF MIXTE

Nerf contenant à la fois des neurones sensitifs et des neurones moteurs. Le nerf vague est un nerf mixte.

NERF PARACERCAL

Nerf sensitif, présent chez la blatte, parallèle au nerf cercal. Il relie les cerques au 6e ganglion de la chaîne nerveuse abdominale, mais ses neurones sont en contact avec une autre catégorie de soies sensorielles qui se mettent en mouvement sous l'effet du déplacement du cerque. Les neurones des nerfs paracercaux établissent des synapses avec des interneurones inhibiteurs. Ainsi, un mouvement spontané des cerques ne provoque pas une réaction de fuite de la blatte.

NERF RACHIDIEN

Nerf mixte issu de la moelle épinière et résultant de la confluence des racines ventrale et dorsale de la moelle épinière. Chez l'homme, il existe 31 paires de nerfs rachidiens.

NERFS PNEUMOGASTRIQUES

Nerfs mixtes, les nerfs pneumogastriques constituent la dixième paire de nerfs crâniens. Les fibres motrices innervent les appareils respiratoire, circulatoire, digestif et urogénital. Elles constituent une partie importante du système nerveux parasympathique. Les fibres sensitives ou afférentes conduisent des informations relatives aux variations de la pression sanguine en provenance des barorécepteurs de la crosse aortique ; ces fibres sensorielles constituent le nerf de Ludwig-Cyon. Syn. nerf vague, nerf.

NEURO-ENDOCRINE

Désigne un système dont la fonction et les caractéristiques sont situées entre celles des cellules endocrines et celles des neurones.

→ Complexe hypothalamo-hypophysaire.

NEUROHORMONE

Hormone produite par des neurones sécréteurs, en général situés dans le cerveau (hypothalamus). Les neurohormones se différencient des neurotransmetteurs par le fait qu'elles agissent sur des cellules éloignées de leur lieu de libération duquel elles sont transportées par voie sanguine alors que les neurotransmetteurs agissent au niveau des synapses.

NEUROLEPTIQUES

Médicaments qui calment l'hyperactivité musculaire et l'agitation.

NEUROMÉDIATEUR

Terme peu précis qui désigne une molécule produite et secrétée par des neurones. Il est souvent considéré comme synonyme de neurotransmetteur.

NEUROMODULATEURS

Catégorie de neurotransmetteurs comme les neuropeptides (enképhalines) qui se caractérisent par une action moins rapide que les neurotransmetteurs de type excitateur ou inhibiteur.

NEURONE

Cellule constituant l'unité de fonctionnement du système nerveux. Le neurone est spécialisé dans la génération et la conduction de l'influx nerveux. Il est constitué par un corps cellulaire qui contient les organites, par des dendrites – qui soit reçoivent des messages issus d'autres cellules nerveuses, soit sont de nature sensorielle – et par un prolongement cytoplasmique, ou axone, qui conduit l'influx nerveux jusqu'à l'arborisation terminale où se fait la libération des vésicules de neurotransmetteurs en réponse à l'arrivée d'un influx nerveux.

NEURONE BIPOLAIRE

Neurone dont le corps cellulaire se trouve excentré par rapport à l'axone, c'est-à-dire qu'il émet deux prolongements. L'un se termine par des dendrites et constitue des récepteurs sensoriels, l'autre forme des synapses avec d'autres neurones.
→ Moelle épinière.

NEURONE INHIBITEUR

Petit neurone (interneurone) dont la stimulation entraîne la libération d'un neurotransmetteur (GABA, glycine) qui provoque une hyperpolarisation des membranes postsynaptiques et donc s'oppose à la transmission d'un message.

NEURONE MOTEUR

Syn. de motoneurone.

NEURONE SENSITIF

Cellule nerveuse qui conduit des messages d'un organe des sens ou d'un récepteur sensoriel vers le système nerveux central.

NEUROPEPTIDE

Peptide synthétisé par un neurone. Les neuropeptides sont libérés par l'arborisation terminale du neurone qui les a synthétisés et présentent une affinité 1 000 fois supérieure aux neurotransmetteurs usuels. Ils sont libérés dans la fente synaptique, mais contrairement aux neurotransmetteurs non peptidiques, ils ne sont pas recapturés par le neurone postsynaptique. Ils sont donc dégradés plus lentement.

NEUROSÉCRÉTION

Substance libérée dans le milieu intérieur par des neurones et qui agissent comme des hormones.
→ Neurohormone, neurotransmetteur.

NEUROTRANSMETTEUR

Molécule, en général de petite taille, libérée dans la fente synaptique par l'arborisation terminale d'un neurone en réponse à l'arrivée d'un message nerveux de nature électrique. Il provoque l'ouverture de canaux ioniques spécifiques – dits chimiodépendants – ce qui permet au message nerveux de passer dans la cellule suivante. Si l'ion qui diffuse dans la cellule postsynaptique est le Na^+, il y a naissance d'un PPSE, le neurotransmetteur est excitateur ; si l'ion qui diffuse dans la cellule est le Cl^-, il y a naissance d'un PPSI, le neurotransmetteur est inhibiteur.

NEUTRALISATION DE L'ANTIGÈNE

Inactivation d'un antigène par la fixation de l'anticorps spécifique. L'anticorps ne détruit pas l'antigène, mais le complexe immun ainsi formé est facilement phagocyté par les macrophages ou sera à l'origine de l'activation du complément.

NEUTROPHILE

Leucocyte du type granulocyte fixant les colorants neutres.

NICHE ÉCOLOGIQUE ≠ habitat

Terme faisant référence à la place et à la spécialisation d'une espèce dans un peuplement. La niche écologique regroupe les caractéristiques de l'ensemble des paramètres du milieu (climatiques, alimentaires...) spécifiques à une espèce qui la différencient d'autres espèces du même peuplement. Il ne faut pas confondre niche écologique et habitat. L'habitat correspond au lieu de vie alors que la niche écologique correspond à une spécialisation dans un habitat donné.

NIDATION

Fixation de l'embryon dans la paroi utérine. Dans l'espèce humaine, la nidation a lieu une semaine après la fécondation. Syn. implantation.

NOCICEPTEUR

Récepteur sensoriel sensible à la douleur. Les nocicepteurs sont des dendrites de neurones bipolaires qui relient les différents organes à la corne dorsale de la moelle épinière. Les corps cellulaires de ces neurones se situent dans le ganglion rachidien.

NŒUD DE RANVIER

Discontinuité dans la gaine de myéline où se trouvent les canaux voltages-dépendants d'un neurone myélinisé. Les nœuds de Ranvier sont les zones où la membrane axonique est au contact du milieu extracellulaire. La propagation de l'influx nerveux se fait de nœud de Ranvier en noeud de Ranvier.
→ Conduction saltatoire.

NON-SOI

Ensemble des molécules qui ne se définissent qu'en rapport avec le soi auquel il est associé. La base moléculaire de la différence entre ces deux catégories de molécules ne porte que sur des particularités des déterminants antigéniques. Ce sont ces différences qui donnent aux molécules du non-soi leur pouvoir antigénique. Ce sont les récepteurs spécifiques des lymphocytes B et T qui le reconnaissent et qui entraînent la réponse immunitaire spécifique.

NORTHERN BLOT – MÉTHODE DE NORTHERN

Transfert d'ARN découpé et séparé par électrophorèse depuis un gel sur une membrane où il peut être hybridé avec un acide nucléique complémentaire qui sert de sonde. Le nom de cette technique provient d'un jeu de mot analogique avec la méthode de Southern qui s'applique à l'ADN.
→ Hybridation moléculaire.

NOYAU

1. Organite cellulaire de grande taille qui caractérise les cellules eucaryotes. Le noyau est limité par une double membrane constituant l'enveloppe nucléaire. Il contient la quasi-totalité de l'ADN cellulaire et un ou plusieurs nucléoles. Le noyau cellulaire disparaît au cours des divisions cellulaires durant lesquelles l'ADN et certaines protéines nucléaires forment les chromosomes. **2.** Centre nerveux (matière grise) situé à l'intérieur du cerveau.

NUCLÉOTIDE

Molécule composée par un sucre (ribose ou désoxyribose), une base azotée et un acide phosphorique. Les nucléotides constituent les éléments de base des acides nucléiques. Il en existe 5 types principaux qui se différencient par la base azotée qu'ils portent (adénosine, cytidine, thymidine, guanosine, uridine).

NUDE

Mutation connue chez la souris qui provoque, outre l'absence de pelage, l'absence du thymus et donc l'inexistence de lymphocytes T fonctionnels.

NUTRIMENT

Molécule qui peut être directement absorbée et assimilée par l'organisme sans traitement préalable. Les acides aminés, les oses simples, les acides gras provenant de la digestion de grosses molécules sont des nutriments, de même que les vitamines.

O

OCÉAN

Vaste étendue d'eau salée entourant les continents et les îles à la surface de la Terre. Cependant tout comme pour les continents, les définitions des géologues diffèrent de celles des géographes. Ainsi, les géologues parlent d'océans quand la croûte terrestre est de nature basaltique, ce qui exclut du domaine océanique le talus et le plateau continental qui sont de nature granitique. Inversement, il existe des croûtes océaniques qui ne correspondent pas à des océans (Islande : croûte océanique exondée, mer Rouge). Les océans comprennent des dorsales océaniques qui sont les lieux de formation de la croûte océanique, des bassins océaniques qui se situent entre les dorsales et la limite de la croûte continentale (talus continental ou fosse océanique).

ŒSTRADIOL, ŒSTROGÈNES

Hormone sexuelle féminine synthétisée à partir du cholestérol. Cet œstrogène est produit par la thèque interne du follicule ovarien avant l'ovulation, puis par les cellules de la granulosa. L'œstradiol est responsable du développement de l'appareil génital féminin et, au moment de la puberté, de l'apparition des caractères sexuels secondaires. La libération d'œstradiol est sous contrôle de la FSH.

ŒSTRUS

Période de la vie d'une femelle durant laquelle elle peut se reproduire. Syn. chaleur, rut.

ŒUF

Voir ovotide, ovule, zygote.

OLIVINE

Silicate ferromagnésien, de couleur verte, faisant partie de la série des péridots et constituant l'essentiel des péridotites du manteau.

OPHIOLITES

Ensemble de roches magmatiques présents dans les chaînes de montagnes, les ophiolites ou complexe ophiolitique comprennent de bas en haut : 1) des péridotites foliées qui ont donc subi des contraintes tectoniques à l'état solide pour de hautes pressions et températures ; 2) des gabbros et des péridotites lités ; 3) des basaltes en coussins. Ces complexes ophiolitiques sont considérés comme étant des restes de plancher océanique et du manteau supérieur qui ont été portés en altitude lors de la collision entre deux continents (Europe et Afrique ayant produit les Alpes, Oman) ou entre un continent et un arc insulaire (chaîne de Nouvelle-Calédonie).

OPIACÉ

Se dit d'une élément qui contient de l'opium.

OPIOÏDES

Famille qui regroupe les molécules (morphine, héroïne, codéine, papavérine...) dont la structure et les effets sont proches de l'opium. On distingue des opioïdes endogènes (enképhalines et endorphines) et des opioïdes exogènes comme ceux contenus dans l'opium.

OPIUM

Liquide produit lors de l'incision des capsules du pavot, une plante proche des coquelicots. L'opium contient différentes molécules dont la plus active est la morphine, qui est un stupéfiant, mais aussi la codéine qui est un narcotique et un sédatif.

ORGANE

Ensemble de tissus groupés en une structure complexe qui participe à la réalisation d'une même fonction. Les feuilles, les racines, les tiges et les fleurs sont des organes des plantes.

ORGANE LYMPHOÏDE CENTRAL

Organe où les lymphocytes sont produits et se différencient. La moelle osseuse est le lieu de production des lymphocytes B et des lymphocytes T. Les lymphocytes B se différencient sur place, les lymphocytes T se différencient dans le thymus.

ORGANE LYMPHOÏDE PÉRIPHÉRIQUE

Organe dans lequel les lymphocytes entrent en contact avec les antigènes ou le soi modifié, ce qui déclenche leur prolifération et leur différenciation. Les organes lymphoïdes périphériques sont les ganglions lymphatiques, la rate, les amygdales.

ORGANIQUE

Qualifie des molécules qui possèdent des atomes de carbone associés à des atomes d'hydrogène et fabriquées par des êtres vivants.

ORGANITE

Compartiment cellulaire délimité par une membrane simple (réticulum endoplasmique, appareil de Golgi, vésicule, vacuole) ou double (chloroplaste, mitochondrie, noyau). Néanmoins, on considère traditionnellement que les ribosomes sont des organites bien qu'ils ne soient pas délimités par une membrane.

ORTHOSE

Variété de feldspath potassique.

OSMORÉCEPTEUR

Cellule stimulée par des variations de la pression osmotique et produisant un message nerveux traduisant la valeur de cette variable.

OSMOSE

Diffusion d'un solvant, en général l'eau, au travers d'une membrane semi-perméable, d'une solution diluée vers une solution concentrée ou d'une solution pure vers une autre solution.

OVOCYTE I

Cellule diploïde provenant de l'accroissement d'une ovogonie. Dans l'espèce humaine, l'ovocyte I est bloqué en prophase de première division de méiose depuis la vie fœtale, il ne reprendra la méiose qu'une vingtaine d'heures avant l'ovulation.

OVOCYTE II

Cellule haploïde résultant de la première division de méiose d'un ovocyte I. Dans l'espèce humaine, l'ovocyte II ne se forme qu'une vingtaine d'heure avant l'ovulation et se retrouve bloqué en métaphase II. La méiose ne se poursuit que s'il y a fécondation.
→ Ovotide.

OVOGENÈSE

Ensemble des transformations et des divisions cellulaires qui conduisent des cellules souches ou ovogonies à la formation des gamètes femelles ou ovules.

OVOGONIE

Cellule souche des gamètes femelles.

OVOTIDE

Ultime étape de l'ovogenèse. L'ovotide correspond à l'ovocyte II qui a expulsé son second globule polaire à la suite de la fécondation. L'ovotide correspond au gamète femelle, c'est-à-dire à l'ovule qui a achevé sa méiose et ne possède plus qu'un noyau contenant un lot haploïde de chromosomes.

OVULATION

Rupture du follicule ovarien mûr, suivie de l'expulsion de l'ovocyte II dans les voies génitales femelles. Syn. ponte ovulaire.

OVULE

Gamète femelle, mûr et fécondable ; chez les animaux, il correspond à l'ovotide. À ce stade, le noyau ne contient plus qu'un lot de chromosomes (n) à une chromatide. Il existe un sens plus large où ce terme désigne toute cellule reproductrice émise par l'ovaire quel que soit son état de maturation.
→ Ovotide, œuf.

OXYDORÉDUCTION

Réaction impliquant un transfert d'électrons. La molécule ayant perdu l'électron est oxydée par l'oxydant qui se trouve alors réduit.

OXYGÈNE 18

Isotope lourd de l'oxygène. Le rapport isotopique entre ^{18}O et ^{16}O est utilisé pour estimer les variations de température dans le passé, ou paléotempérature ; il constitue un thermomètre isotopique.

OZONE

Gaz de formule O_3 se formant dans la haute stratosphère par action des rayons ultraviolets sur le dioxygène. L'ozone a la capacité d'absorber les rayons ultraviolets de longueur d'onde inférieure à 340 μm, qui ont un effet mutagène et, de ce fait, protège la vie sur la surface émergée des continents.

P

PACE-MAKER

Cellule ou région bien définie d'un organe qui détermine le rythme d'activité dans d'autres cellules ou organes.

PALÉOENVIRONNEMENT

Milieu dans lequel vivaient les espèces fossiles. La reconstitution des paléoenvironnements nécessite la connaissance des climats du passé (paléoclimat), de la nature du milieu (caractéristiques physico-chimiques) et des différentes espèces présentes.

PALÉOMAGNÉTISME

Étude des caractéristiques du champ magnétique terrestre dans les temps géologiques. Celles-ci sont conservées (fossilisées) dans les laves basaltiques émises par les dorsales océaniques et dans les sédiments. Ces laves contiennent des cristaux de magnétite (Fe_3O_4) qui ont la propriété d'acquérir une aimantation appelée aimantation thermorémanente ; quand elles se refroidissent et que leur température passe au-dessous de la température de Curie, le champ magnétique est fossilisé.

PALÉOPÔLE

Emplacement qu'occupaient les pôles magnétiques dans le passé. Comme on considère, pour des raisons physiques, que les pôles magnétiques ne se sont pas déplacés au cours du temps (en dehors des périodes d'inversion qui on été rapides), on admet que ce sont les continents dont les roches anciennes ont fossilisé les paléopôles qui ont migré.
→ Migration des pôles.

PALÉOTEMPÉRATURE

Température du passé. L'estimation des paléotempératures est basée sur la variation du rapport entre deux isotopes de l'oxygène, l'oxygène 16 et l'oxygène 18.

PALYNOLOGIE

Étude des pollens et des spores conservés dans les couches géologiques. Comme les pollens et les spores sont très nombreux dans certaines roches sédimentaires, il est possible de réaliser une analyse statistique de l'abondance des différentes espèces. On obtient alors un spectre pollinique caractérisant les conditions climatiques au moment de la fossilisation de ces structures, car pour le quaternaire, il s'agit le plus souvent d'espèces actuelles dont on connaît les exigences écologiques.

PARATOPE

Site de fixation du déterminant antigénique sur l'immunoglobuline. Il y a deux paratopes par immunoglobulines. Le paratope est formé par le repliement dans l'espace des parties variables des 2 chaînes lourdes et des 2 chaînes légères de l'anticorps.

PAROI

Structure de soutien élaborée par la majorité des cellules végétales. La paroi est fondamentalement constituée de pectine (un glucide) et de cellulose associée parfois à d'autres composés comme la lignine (bois) et la subérine (liège).

PATCH-CLAMP

Technique de biologie cellulaire qui permet d'isoler avec une micropipette un canal ionique et de mesurer l'intensité des courants générés par le passage des ions au travers de celui-ci.
→ Voltage imposé.

PEBBLE CULTURE

Première industrie lithique réalisée par *Homo habilis* et les premiers *Homo erectus* entre 2,5 et 1 Ma. La *pebble culture* est constituée de galets aménagés ou choppers, c'est-à-dire de pierre où seuls quelques éclats ont été retirés par percussion.

PENDAGE

Angle que forme une surface (strate, contact anormal...) avec l'horizontal. Le pendage se mesure par la ligne de plus grande pente développée par la surface et son sens est la direction du pendage orientée vers le bas. Sur les coupes géologiques, le pendage est indiqué par une flèche en forme de T pointée dans le sens du pendage.

PERCEPTION

Interprétation mentale des sensations physiques produites par les stimuli externes.

PERFORINES

Molécules produites par les lymphocytes cytolytiques. Les perforines sont libérées dans le milieu intérieur et se polymérisent dans la membrane de la cellule à détruire. Cette polyperforine forme un canal lytique par lequel l'eau pénètre, ce qui conduit à l'éclatement de la cellule.
→ Complément, complexe d'attaque membranaire.

PÉRIDOTITE

Roche magmatique, grenue, jaune foncé ou vert noirâtre contenant une grande quantité (90 à 100 %) de minéraux ferromagnésiens dont l'olivine associée à des pyroxènes. Les péridotites se trouvent en grande quantité à la base des complexes ophiolitiques et on a observé que le manteau supérieur, sous la croûte, est essentiellement constitué de péridotites.

PÉRIODE RADIOACTIVE

Temps nécessaire pour que la moitié des atomes radioactifs contenus dans un échantillon se désintègre. Les périodes ont des durées variées, celle du ^{14}C est de 5 568 ans, celle du ^{40}K de 1,25 Ga et celle de ^{238}U de 4,468 Ga. La période radioactive permet d'obtenir l'âge absolu d'une roche. Syn. demi-vie.

PERMÉABILITÉ

État d'une membrane qui laisse passer différentes substances ; une membrane est hémi-perméable si elle laisse passer l'eau, mais pas les substances dissoutes. La perméabilité est sélective si certaines substances passent au travers d'une membrane alors que d'autres ne peuvent la traverser.

PEUPLEMENT

Ensemble des populations d'espèces qui sont plus ou moins apparentées. Ces espèces habitent le même lieu et possèdent une écologie comparable. Par exemple, on peut définir le peuplement d'amphibiens d'une mare.

PHAGE

Virus infectant une bactérie, on les appelle aussi bactériophages. Les phages T4, T2 et lambda sont les plus utilisés dans les expériences de génétique, ils servent aussi de vecteur pour introduire de l'ADN étranger dans une cellule.

PHAGOCYTOSE, PHAGOCYTE

Capacité pour une cellule d'ingérer un élément du non-soi. La phagocytose est réalisée par des cellules appelées phagocytes. Les macrophages et les granulocytes neutrophiles interviennent d'une part dans la réponse immunitaire non spécifique, puis en tant que cellules présentatrices d'antigènes et à la fin de la réponse immunitaire spécifique en nettoyant le milieu intérieur des complexes immuns et des différents débris cellulaires provenant des cellules détruites.

PHASE FOLLICULAIRE

Période du cycle ovarien durant approximativement 14 jours chez la femme pendant laquelle le follicule tertiaire passe d'une taille de 2-4 mm à une taille de 16-27 mm par une multiplication des cellules folliculaires, ce qui augmente la production d'œstrogènes. La phase folliculaire se termine par l'ovulation.

PHASE LUTÉALE

Période du cycle ovarien succédant à l'ovulation durant laquelle les cellules folliculaires se chargent d'un pigment jaune (la lutéine). Elles forment alors le corps jaune qui produit la progestérone.

PHÉNOCRISTAL

Cristal visible à l'œil nu.

PHÉNOTYPE

Ensemble des caractéristiques d'un individu résultant de l'expression de ses gènes par l'intermédiaire des protéines et de leurs éventuelles interactions avec l'environnement.

PHOTODISSOCIATION DE L'EAU

Coupure par oxydation de la molécule d'eau en $2e^-$, $2H^+$ et $1/2O_2$ par la chlorophylle oxydée. Syn. photolyse (on évitera l'emploi de ce terme qui sous entend que cette réaction est de nature enzymatique).

PHOTOPÉRIODE

Alternance du jour et de la nuit lors d'un cycle de 24 heures.

PHOTOSYNTHÈSE

Ensemble des réactions se déroulant chez les végétaux autotrophes au carbone. Ces réactions conduisent à la formation de glucides dans les chloroplastes à partir de dioxyde de carbone et d'eau, avec la libération de dioxygène comme déchet en présence de lumière dont l'énergie est capturée et transformée par la chlorophylle.

PHYLOGENÈSE, PHYLUM

Reconstitution de l'histoire évolutive de différentes lignées depuis leur divergence à partir d'un ancêtre commun. Un phylum est l'ensemble des êtres vivants construits suivant le même plan d'organisation général et dont on suppose qu'ils sont apparentés et dérivent donc d'un ancêtre commun. Les annélides (vers), les mollusques, les arthropodes et les vertébrés constituent les phylums les plus importants.

PHYSIOLOGIE

Science qui étudie les fonctions normales des organes, des tissus, des cellules des êtres vivants.

PIC DE LH

Augmentation brusque du taux de LH dans le sang. Le pic de LH apparaît 24 à 36 heures avant l'ovulation et en est responsable. Il est déclenché par un rétrocontrôle positif de l'œstradiol sur l'hypothalamus et par une augmentation de la fréquence et de l'amplitude des pulses de la GnRH. Syn. décharge ovulante.

PILULE COMBINÉE

Pilule contraceptive contenant à la fois des œstrogènes et de la progestérone. Elle est prise pendant 21 jours avec un arrêt de 7 jours qui permet le retour des règles. La pillule combinée peut être soit minidosée (on l'appelle alors minipilule) soit normodosée.

PILULE CONTRACEPTIVE

Préparation pharmaceutique dont la prise empêche l'apparition d'une grossesse. On distingue : 1) les pilules combinées normo- ou minidosées qui contiennent chacune, à la fois des œstrogènes et des progestatifs ; 2) les pilules séquentielles qui contiennent, pour les premières de la plaquette, des œstrogènes et pour les suivantes des progestatifs ; 3) les micropilules qui ne contiennent que des progestatifs. Les pilules combinées bloquent l'ovulation et modifient les caractéristiques de la muqueuse utérine et de la glaire cervicale, les pilules séquentielles bloquent l'ovulation alors que les micropilules agissent en rendant la glaire cervicale impropre au passage des spermatozoïdes et empêchent aussi une éventuelle nidation.

PILULE CONTRAGESTIVE

Pilule dont l'action va interrompre la grossesse en entraînant l'expulsion de l'embryon déjà implanté. Syn. pilule abortive.
→ Anti-hormone, RU 486.

PILULE NORMODOSÉE

Pilule combinée où les doses d'hormones employées sont plus fortes que celles contenues dans les pilules minidosées dites minipilules.

PLACEBO

Traitement dépourvu d'efficacité thérapeutique, mais qui peut agir, par un mécanisme psychologique, si le sujet pense être soumis à des soins réels. L'effet placebo est utilisé pour tester l'efficacité réelle d'un traitement en dehors de toute perturbation due à des effets psychologiques.

PLAGE DE LYSE

Dans une culture de cellules, zone de coloration différente où certaines cellules sont détruites, soit par des lymphocytes cytolytiques, soit par des virus.

PLAGIOCLASE

Syn. de feldspath sodi-calcique.

PLANCHER OCÉANIQUE

Croûte de nature basaltique produite par un rift océanique. À mesure que l'on s'éloigne de la dorsale, le plancher océanique est de plus en plus âgé. Il est recouvert par des sédiments dont l'épaisseur est d'autant plus grande que le plancher est ancien.

PLANCTON

Terme général qui désigne tous les organismes aquatiques autotrophes (phytoplancton) ou hétérotrophes (zooplancton) au carbone, peu mobiles de petite taille, qui habitent les parties superficielles des milieux aquatiques marins ou lacustres.

PLANÈTE

Corps du système solaire de forme généralement sphérique qui décrit des orbites elliptiques autour du Soleil. Par extension, corps analogues pouvant circuler autour d'autres étoiles. Si la planète possède une activité volcanique, elle est qualifiée de vivante.

PLAQUE ÉQUATORIALE

Figure de la mitose ou de la méiose où les chromosomes se trouvent situés au milieu de la cellule (équateur). Dans la mitose les différents chromosomes à deux chromatides sont placés côte à côte avec les centromères orientés vers le centre de la cellule. À la première division de la méiose les centromères des homologues d'une paire sont situés de part et d'autre du plan équatorial, ce qui fait qu'un homologue a une chance sur deux de migrer vers l'un ou l'autre pôle.

PLAQUE LITHOSPHÉRIQUE

Partie superficielle de la Terre, d'une épaisseur moyenne de 100 km qui constitue, avec d'autres plaques équivalentes, la surface terrestre. Cette douzaine de portions de lithosphère solide et rigide flotte et se déplace sur une couche solide visqueuse l'asthénosphère.
→ Tectonique des plaques.

PLASMOCYTE

Stade ultime de l'évolution des lymphocytes B. Les plasmocytes sont des cellules qui présentent un réticulum endoplasmique rugueux particulièrement développé et qui synthétisent des IgM puis des IgG qu'ils libèrent dans le milieu extracellulaire. Les récepteurs des déterminants antigéniques des immunoglobulines sécrétées correspondent à ceux exprimés sur la membrane des lymphocytes B par les récepteurs B.

PLI

Déformation des couches géologiques ou des roches à la suite de contraintes de compression ou de torsion. À l'échelle des strates, les plis se traduisent souvent par une succession de synclinaux et d'anticlinaux.

PLUTON

Roche magmatique qui s'est formée en profondeur par cristallisation lente d'un magma dans des roches encaissantes. Les roches plutoniques sont des roches grenues entièrement cristallisées qui comprennent suivant leur minéralogie les granites, les péridotites et les gabbros. Les plutons sont responsables du thermométamorphisme.

POINT CHAUD

Réservoir de magma situé dans le manteau profond, à la limite du noyau. Le point chaud fonctionne de manière discontinue pendant des dizaines de millions d'années, il émet des panaches de lave à la surface se traduisant par un volcanisme intraplaque. En surface, le point chaud se repère par des alignements de volcans ordonnés suivant leur âge croissant ou décroissant. Les réservoirs magmatiques des points chauds se situent aussi bien au-dessous d'une plaque (plaque indienne à l'origine des trapps du Deccan il y a 65 Ma) que d'une dorsale océanique (Islande).

POINT DE CURIE

Température au-delà de laquelle les minéraux aimantés perdent leur aimantation rémanente, qu'ils retrouvent s'ils sont refroidis dans un champ magnétique.

POLARISATION

Existence d'une différence de potentiel électrique de part et d'autre d'une membrane. Au repos, la différence de potentiel entre l'intérieur et l'extérieur d'une cellule est de – 70 mV, l'extérieur de la membrane étant positif par rapport à l'intérieur.

PÔLE GÉOGRAPHIQUE

Lieu de convergence des méridiens terrestres, c'est le point d'intersection entre l'axe de rotation de la Terre et la surface du globe.

PÔLE MAGNÉTIQUE

Lieu de convergence des lignes de champ magnétique. La boussole pointe dans la direction du pôle Nord magnétique. Les prolongements des vecteurs matérialisés par différentes boussoles permettent de définir le pôle Nord magnétique. Celui-ci ne coïncide pas avec le pôle Nord géographique, la différence angulaire en un point entre les deux directions (vers le nord magnétique et vers le nord géographique) est appelée déclinaison magnétique.

POLLEN

Les grains de pollen sont libérés par les étamines, ils sont constitués de deux ou trois cellules dont une ou deux correspondent à des gamètes mâles (cellules reproductrices).

POLYMÈRE

Molécule organique de grande taille formée par la répétition d'éléments identiques (cellulose, glycogène, amidon) ou semblables (protéines).

POLYMORPHISME

Présence au sein d'une espèce ou d'une population de plusieurs catégories bien différentes d'individus (phalène du bouleau noire, phalène du bouleau blanche). Le polymorphisme existe au niveau morphologique ou biochimique. Ces différences sont dues à l'existence d'enzymes différents codés par des allèles du même gène qui est donc polyallélique.

POLYSYNAPTIQUE

Qualifie une circuit nerveux qui contient plusieurs synapses consécutives.

POMPE NA^+/K^+ ATP DÉPENDANTE

Protéine membranaire assurant l'éjection de 3 Na^+ et l'entrée dans le neurone de 2 K^+ contre les gradients de concentration respectifs. La pompe maintient la polarisation du neurone et la rétablit après le passage des potentiels d'action. Néanmoins, compte tenu des concentrations respectives en Na^+ (extracellulaire) et K^+ (intracellulaire) et de la quantité d'ions Na^+ entrants et de la quantité d'ions K^+ sortants, le neurone peut émettre des potentiels d'action pendant plusieurs heures alors que cette pompe a été inactivée.

POOL DE GÈNES

Ensemble des gènes et de leurs différents allèles présents dans une population. Lors de la formation d'une nouvelle population par un petit nombre d'individus constituant la population fondatrice, la totalité des allèles présents dans la population de départ n'est pas présente dans cette dernière. Il y a donc perte du polymorphisme.

POPULATION, POPULATION FONDATRICE

Ensemble des individus d'une même espèce se reproduisant entre eux et vivant au même endroit et à la même époque. Une population fondatrice est une population de faible effectif se séparant d'une population initiale et qui n'emporte pas toute la variabilité génétique de la population de départ.
→ Effet de fondation.

POSTRÉDUCTION

Phénomène se déroulant dans un asque dans lequel il y a eu un crossing-over entre le locus du gène étudié et le centromère. De ce fait, les deux chromatides d'un homologue possède deux allèles différents. Ces deux allèles sont donc séparés à la seconde division de méiose. Il y a alors postréduction.

Quatre combinaisons sont possibles : BBNNBBNN ; BBNNNNBB, NNBBBBNN, NNBBNNBB (B = blanc, N = noir ; correspond à la couleur des ascospores).
→ Préréduction.

POSTSYNAPTIQUE

Qui concerne la cellule située après l'espace synaptique dans le sens de déplacement du message nerveux. La membrane postsynaptique possède des récepteurs spécifiques aux neurotransmetteurs dont la fixation provoque l'ouverture de canaux ioniques chimiodépendants.

POTENTIEL (ÉLECTRIQUE) DE MEMBRANE

Tension électrique existant de part et d'autre de la membrane plasmique de toute cellule vivante. Le potentiel de membrane est dû à l'inégale répartition de certains ions dans le milieu intracellulaire et le milieu extracellulaire. Na^+, Cl^-, Ca^{2+} sont les ions typiques du milieu extracellulaire alors que le K^+ est l'ion le plus abondant dans le milieu intracellulaire.

POTENTIEL D'ACTION

Séquence stéréotypée constituée d'une dépolarisation suivie d'une repolarisation et d'une hyperpolarisation passagère d'une membrane plasmique de cellule excitable (neurone ou cellule musculaire). Le potentiel d'action apparaît chaque fois qu'une dépolarisation préalable a fait atteindre au potentiel de membrane une valeur seuil. Au cours d'un potentiel d'action, le potentiel de membrane passe de – 70 mV à + 30 mV, puis revient à sa valeur initiale après une brève hyperpolarisation.
→ Message nerveux.

POTENTIEL D'ÉQUILIBRE DU K^+

Valeur du potentiel de la membrane pour laquelle le passage des ions K^+ par diffusion, d'un milieu à un autre, est stoppé par la force électrique née du déséquilibre ionique, résultant de ce même passage, entre les deux compartiments.

POTENTIEL DE RÉCEPTEUR

Dépolarisation locale, graduelle de la membrane d'une cellule sensorielle en réponse à l'augmentation de l'intensité du stimulus. Lorsqu'elle atteint une valeur appelée valeur seuil, cette membrane, au niveau du site générateur, déclenche des potentiels d'action qui se propagent. L'intensité de la stimulation est alors codée en modulation de fréquence.

POTENTIEL DE REPOS

Valeur du potentiel de membrane qui peut rester constante durant de longues périodes, en l'absence de modifications des

conditions extérieures. Pour des cellules excitables (neurones, cellules musculaires), en l'absence de stimulation, cette valeur est de l'ordre de – 70 mV.
→ Excitabilité.

POTENTIEL POSTSYNAPTIQUE EXCITATEUR (PPSE)

Potentiel de membrane naissant sur un neurone postsynaptique à la suite de l'ouverture de canaux chimiodépendants laissant passer des ions positifs (Na^+). L'entrée des ions positifs diminue le potentiel de membrane, ce qui entraîne sa dépolarisation. Si le PPSE atteint une valeur supérieure à la valeur seuil d'excitabilité, le message est transmis.
→ Sommation.

POTENTIEL POSTSYNAPTIQUE INHIBITEUR (PPSI)

Potentiel de membrane naissant sur un neurone postsynaptique à la suite de l'ouverture de canaux chimiodépendants laissant passer des ions négatifs (Cl^-), il s'ensuit une hyperpolarisation de la membrane postsynaptique. La cellule postsynaptique devient moins facilement excitable, le message nerveux peut alors être bloqué.
→ Sommation.

POTENTIEL SEUIL

Valeur du potentiel de membrane nécessaire à la naissance d'un potentiel d'action, c'est-à-dire à l'ouverture des canaux Na^+ voltage-dépendants.
→ Valeur seuil, loi du tout ou rien.

PPSE

Sigle de potentiel postsynaptique excitateur.

PPSI

Sigle de potentiel postsynaptique inhibiteur.

PRÉHISTOIRE

Histoire de l'homme avant l'existence de témoignages écrits, la préhistoire est basée sur l'étude des restes d'activités humaines (outils, art, habitat, sépulture). La préhistoire est découpée en 6 périodes de durée de plus en plus courte, ce qui témoigne de l'accélération du processus d'hominisation : 1) Paléolithique inférieur, des premiers outils type *pebble culture* à 120 000 ans ; 2) Paléolithique moyen de 120 000 à 35 000 ans ; 3) Paléolithique supérieur de 35 000 à 8 000 ans ; 4) Mésolithique de 8 000 à 5 000 ans ; 5) Néolithique de 5 000 à 2 000 ans ; 6) l'âge des métaux, commençant 2 000 ans avant J.-C., avec d'abord celui du bronze, puis du fer.
→ Industrie préhistorique.

PRÉRÉDUCTION

Phénomène se déroulant dans un asque dans lequel il n'y a pas eu de crossing-over entre le locus du gène et le centromère. Ainsi, à l'anaphase I de méiose, les deux chromatides de chaque chromosome homologue de la paire sont identiques. De ce fait l'asque est formé de 8 ascospores réparties en deux groupes de Il n'y a donc que deux types d'asques préréduits : NNNNBBBB, BBBBNNNN (B = blanc, N = noir ; correspond à la couleur des ascospores).
→ Postréduction.

PRESSION

Force exercée sur une surface. La pression artérielle est la pression exercée par le sang sur la paroi des artères. En clinique, on mesure la force opposée, c'est-à-dire la résistance de la paroi des artères ou tension artérielle.

PRESSION LITHOSTATIQUE

Pression due à la masse des roches et des sédiments sus-jacents. C'est la pression lithostatique qui est, avec le gradient géothermique, responsable du métamorphisme régional.

PRIMATES

Un des 18 ordres de mammifères caractérisé par : 1) des yeux frontaux permettant une vision binoculaire associée à un développement important des aires visuelles cérébrales ; 2) des membres à cinq doigts terminés par un ongle plat ; 3) des mains préhensibles avec les pouces opposables. Les primates sont divisés en prosimiens (lémuriens, tarsiers) et en simiens (singes, hommes).

PRINCIPE DE CONTINUITÉ, PRINCIPE DE SUPERPOSITION

Voir stratigraphie.

PROCARYOTE

Cellule simple qui ne possède pas d'organites à l'exception des ribosomes et où le matériel génétique n'est pas condensé avec des protéines ; il n'y a pas de noyau ni d'autres organites.

PROGESTÉRONE

Hormone ovarienne produite par le corps jaune à partir du cholestérol. La progestérone est sécrétée pendant la seconde partie du cycle ovarien. Elle favorise la formation de la dentelle utérine et la sécrétion de ses glandes ainsi que la sécrétion des glandes du col utérin ; elle provoque le développement des glandes mammaires et une augmentation de la température corporelle. En cas de gestation, la progestérone est aussi produite par le placenta. La progestérone exerce un rétrocontrôle négatif sur la LH.

PRONUCLÉUS

Désigne le noyau haploïde des gamètes qui se gonfle avant de fusionner dans le cytoplasme de la cellule-œuf.

PROPAGATION D'UN MESSAGE NERVEUX

Déplacement des potentiels d'action le long de l'axone, du corps cellulaire vers l'arborisation terminale d'un même neurone. Syn. conduction d'un message nerveux.

PROPHASE

Premier stade des divisions cellulaires (mitose, méiose) durant lequel les chromosomes formés par deux chromatides s'individualisent progressivement par condensation, l'enveloppe nucléaire disparaît et le fuseau de division se met en place. La duplication de l'ADN a eu lieu durant la phase S de l'interphase.

PROTÉINE

Polymère linéaire d'acides aminés, reliés entre eux par des liaisons peptidiques, ayant une structure tridimensionnelle bien définie ou édifice fonctionnel formé par plusieurs chaînes polypeptidiques. Leur séquence primaire est définie par l'enchaînement des nucléotides dans la molécule d'ADN. Les protéines assurent de très nombreuses fonctions dans l'organisme : catalyse enzymatique (enzyme), soutien (collagène, tubuline...), mouvement (actine, myosine), transport (albumine), communication (hormones, canaux ioniques, cytokines), défense (immunoglobulines, interférons...), maintien de la pression osmotique, système tampon...

PSEUDOPODE

Évaginations de la membrane plasmique des cellules phagocytaires qui leur permettent de se déplacer et d'entourer les cellules ou les particules à ingérer.
→ Phagocyte.

PSYCHOTROPE

Se dit d'une substance qui agit sur le fonctionnement du cerveau.

PULSE

Sécrétion d'hormones ou de neurohormones se faisant de manière discontinue. Les pulses se caractérisent par la quantité d'hormone libérée et par la fréquence de sécrétion.

PYROXÈNE

Silicate ferromagnésien, avec en proportions plus ou moins importantes, du calcium et du sodium. Les pyroxènes sont des minéraux essentiels des roches magmatiques et métamorphiques. En lumière polarisée analysée, les pyroxènes montrent une grande diversité de colorations (brunes et/ou bleutées, bleu-vert, orange vif, gris, gris-brun).

Q

QUARTZ

Voir silice.

R

RACE

Ensemble de populations locales d'une espèce habitant une subdivision géographique du domaine de l'espèce et présentant des différences par rapport à d'autres ensembles de populations de la même espèce. On évite d'employer le terme de race pour l'espèce humaine et on lui préfère le terme d'ethnie qui inclut les caractéristiques culturelles. Syn. sous-espèce géographique.

RACE PURE

Désigne, en génétique formelle, des individus qui sont homozygotes pour les gènes considérés. Quand on croise deux individus appartenant à deux races pures différentes, la F1 est homogène, c'est la première loi de Mendel. Syn. lignée pure.

RADIATION ADAPTATIVE

Processus évolutif au cours duquel une espèce ou un plan d'organisation donne naissance, très rapidement, à un ensemble d'espèces ou de groupes qui occupent différentes niches écologiques. La diversification et l'apparition des différents types de mammifères au début du Tertiaire est un exemple de radiation adaptative.

RADIOACTIVITÉ

Propriété que possèdent certains éléments de se transformer en un autre élément à la suite de la modification du noyau atomique par émission de rayonnements électromagnétiques ou corpusculaires. Un élément radioactif est caractérisé par son rayonnement, mais aussi par sa période ou demi-vie, c'est-à-dire le temps nécessaire pour que la moitié des atomes radioactifs d'un échantillon se désintègre.
→ Âge absolu.

RADIOCHRONOLOGIE

Ensemble des méthodes de datation des minéraux, des roches, des fossiles utilisant les teneurs d'éléments radioactifs et celles de leurs produits de désintégrations. Un âge obtenu par cette méthode est qualifié d'âge isotopique ou radiométrique.

RATE

Organe lymphoïde périphérique très vascularisé dans lequel des lymphocytes se multiplient et les globules rouges sont détruits.

RÉCEPTEUR ANTIGÉNIQUE

Protéine de surface des lymphocytes B (immunoglobulines de type M ou D = récepteurs B) et des lymphocytes T (récepteurs T), qui se lient spécifiquement à un déterminant antigénique ou au soi modifié. Chaque lymphocyte B ou T ne possède qu'une seule catégorie de récepteur antigénique, et de ce fait ne peuvent être activés que par un déterminant antigénique ou par un soi modifié donnés.

RÉCEPTEUR Fc

Molécule présente à la surface des phagocytes. Les récepteurs Fc sont complémentaires des domaines Fc des anticorps ce qui facilite leur phagocytose.
→ Aide à la phagocytose.

RÉCEPTEUR T

Ensemble formé par 2 chaînes polypeptidiques dont les séquences sont proches de celles constituant les immunoglobulines. Les récepteurs T reconnaissent le soi modifié présenté par les CPA, ce qui entraîne l'activation des lymphocytes T qui les portent.

RÉCEPTEUR AUX OPIOÏDES

Récepteur membranaire du système nerveux central sur lesquels se fixent la morphine, l'héroïne, mais aussi les enképhalines et les endorphines.

RÉCEPTEUR MEMBRANAIRE

Protéine présente à la surface de la membrane d'une cellule et qui est capable de lier des molécules comme les hormones et les neurotransmetteurs.

RÉCEPTEUR SENSORIEL

Cellule ou portion de cellule spécialisée, capable de répondre à une catégorie spécifique de stimuli. Cette information est conduite au système nerveux central par des neurones sensitifs dont les extrémités se comportent comme des récepteurs sensoriels. Le récepteur sensoriel transforme l'énergie du stimulus en un message nerveux.

RECEVEUR

Organisme qui reçoit le greffon. La greffe est d'autant mieux acceptée que les antigènes du CMH du receveur et du donneur sont proches. Dans le cadre de greffe, on utilise des médicaments immunosuppresseurs destinés à atténuer l'attaque du greffon par le système immunitaire.

RECOMBINAISON

1. Réassociation aléatoire de morceaux de chromatides homologues, lors de la prophase I de méiose, par le phénomène du crossing-over. On obtient ainsi des chromosomes recombinés.
→ Brassage intrachromosomique.
2. Réassociation aléatoire entre les chromosomes homologues des différentes paires lors de l'anaphase de première division de méiose ; on obtient alors des gamètes recombinés. Par le brassage interchromosomique, il y a chez l'homme 2^{23} combinaisons différentes.

REDONDANCE DU CODE GÉNÉTIQUE

Caractérise le fait que dans le code génétique, certains acides aminés sont spécifiés par plusieurs codons différents.
→ Dégénérescence du code génétique.

RÉFLEXE

Réaction motrice involontaire, stéréotypée, prévisible en réponse à une stimulation.

RÉFLEXE MONOSYNAPTIQUE

Réflexe dans lequel il n'existe qu'une seule synapse dans le circuit nerveux utilisé qui comprend seulement un neurone sensitif et un neurone moteur ; le réflexe myotatique est le seul réflexe monosynaptique.

RÉFLEXE MYOTATIQUE

Réflexe qui entraîne la contraction d'un muscle en réponse à son propre étirement sous l'effet de la pesanteur ou d'une contraction.
→ Réflexe monosynaptique.

RÉFLEXE NOCICEPTIF

Réflexe de retrait d'une partie du corps qui est le siège d'une sensation douloureuse.
→ Douleur, récepteur nociceptif.

RÉFLEXE POLYSYNAPTIQUE
Réflexe dans lequel il existe au moins deux synapses dans le circuit nerveux utilisé.

RÉFRACTAIRE
Qualifie la période durant laquelle une région de la membrane plasmique d'un neurone n'est plus excitable.
→ Excitabilité.

RÉGION CONSTANTE
Domaine de la chaîne lourde ou de la chaîne légère qui différencie les différentes classes d'immunoglobulines (IgG, IgM...).

RÉGION VARIABLE
Partie terminale des chaînes légères et lourdes qui constituent les récepteurs antigéniques (paratopes) des molécules d'immunoglobines.

RÉGRESSION MARINE
Recul des océans en deçà des surfaces continentales précédemment recouvertes avec exondation de surfaces plus ou moins importantes (plateau continental). Les régressions sont dues à une diminution de la masse d'eau liquide, entraînant une baisse du niveau des océans à la suite de glaciations et/ou à un soulèvement général des continents.

RÉGULATION
Mécanisme physiologique par lequel une variable du milieu intérieur est maintenue à une valeur définie ou point de consigne.
→ Rétrocontrôle.

REJET
Destruction progressive d'un greffon qui a été reconnu par le système immunitaire de l'hôte (lymphocytes T, ...) comme élément du non-soi.

RÉMANENCE
Persistance partielle d'un état après disparition de la cause l'ayant engendré.

REMANIEMENT CHROMOSOMIQUE
Modification des caractéristiques d'un chromosome à la suite de la perte, du gain ou du déplacement de fragments de chromosomes.
→ Délétion, translocation, inversion.

RÉPERTOIRE IMMUNOLOGIQUE

Ensemble des récepteurs (B et T) présents à la surface des différents clones de lymphocytes B et T et permettant de reconnaître le non-soi et le soi modifié. On estime que l'étendue du répertoire permet la reconnaissance de 100 millions de déterminants antigéniques différents.

RÉPLICATION

Processus de copie (duplication) de l'information génétique par le complexe de réplication qui comprend, entre autres enzymes, l'ADN polymérase.

RÉPONSE IMMUNITAIRE

Capacité que possède le système immunitaire à produire une réaction spécifique à la nature de l'agression. La réponse immunitaire comprend une réponse immunitaire à médiation cellulaire et une réponse immunitaire à médiation hormonale mais qui agissent en étroite collaboration. La réponse immunitaire, qu'elle soit à médiation humorale ou cellulaire, comprend 5 phases : la phase de reconnaissance et la phase d'activation forment la phase d'induction qui est suivie par une phase d'amplification comprenant une phase de prolifération et une phase de différenciation et se termine par une phase de neutralisation.
→ Immunité.

RÉPONSE IMMUNITAIRE À MÉDIATION CELLULAIRE

Une des modalités de la réponse immunitaire dont les effecteurs sont les lymphocytes T cytolytiques. Syn. immunité à médiation cellulaire.

RÉPONSE IMMUNITAIRE À MÉDIATION HUMORALE

Une des modalités de la réponse immunitaire dont les effecteurs sont les anticorps sécrétés par les plasmocytes et les protéines du complément. Syn. immunité à médiation humorale.

RÉPONSE IMMUNITAIRE NON SPÉCIFIQUE

Intervention du système immunitaire pour éliminer des éléments du non-soi sans qu'il y ait activation des cellules possédant les récepteurs spécifiques aux antigènes étrangers ou au soi modifié. La phagocytose des antigènes étrangers par les macrophages et les granulocytes neutrophiles est une réponse immunitaire non spécifique qui est à la base de la réponse immunitaire spécifique déclenchée par les CPA.

RÉPONSE IMMUNITAIRE PRIMAIRE

Première réaction immunitaire spécifique après l'entrée d'un antigène, elle apparaît au bout d'une semaine et se caractérise par la présence d'IgM dans le sang.

RÉPONSE IMMUNITAIRE SECONDAIRE

Réaction spécifique du système immunitaire à un contact ultérieur avec l'antigène. La réponse secondaire est plus rapide que la réponse primaire, elle est réalisée par les lymphocytes B mémoire qui se divisent et libèrent de grandes quantités d'IgG.

RÉPONSE IMMUNITAIRE SPÉCIFIQUE

Réponse du système immunitaire pour éliminer des éléments du non-soi, mais avec l'intervention de cellules possédant des récepteurs spécifiques (lymphocytes T et B). Les anticorps produits par les plasmocytes neutralisent spécifiquement les antigènes, les lymphocytes cytolytiques provoquent la lyse des cellules infectées. Les macrophages et les granulocytes neutrophiles sont les principaux acteurs de la réponse immunitaire spécifique en phagocytant les complexes immuns et les débris cellulaires provenant des cellules lysées par les lymphocytes cytolytiques.

RÉSEAU TROPHIQUE

Ensemble des relations qui unissent, d'un point de vue alimentaire, les différents êtres vivants d'une biocénose. Un réseau trophique est formé de plusieurs chaînes alimentaires ayant des maillons communs. Ainsi, une espèce donnée peut être consommée par plusieurs espèces différentes et une espèce peut s'alimenter de plusieurs autres espèces.

RESPIRATION AÉROBIE

Dégradation complète du glucose en CO_2 et H_2O avec libération d'énergie. La respiration commence dans le hyaloplasme par une glycolyse anaérobie et se poursuit dans les mitochondries par des déshydrogénations et des décarboxylations de l'acide pyruvique entré dans le cycle de Krebs. La réoxydation des transporteurs réduits se fait par le dioxygène qui est réduit en H_2O et s'accompagne de la synthèse d'ATP.

RÉTICULUM ENDOPLASMIQUE

Réseau membranaire intracellulaire des cellules eucaryotes qui intervient dans le transport et la modification des protéines destinées à être sécrétées (cas des anticorps).

RÉTROACTION, RÉTROCONTRÔLE, *FEED-BACK*

Principe physiologique qui désigne l'action des états finaux d'un système sur les états initiaux du même système. La rétroaction peut être négative ou positive.
→ Régulation.

RÉTROACTION NÉGATIVE

Rétroaction dans laquelle l'augmentation de la valeur de la variable à réguler doit être compensée par une diminution de la valeur du facteur qui provoque son augmentation, ce qui a pour effet de stabiliser cette dernière.

RÉTROACTION POSITIVE

Rétroaction dans laquelle l'augmentation de la valeur de la variable à réguler provoque également l'augmentation de la valeur de la variable qui la déclenche. Ainsi, dans une rétroaction positive, la valeur du facteur déclenchant augmente en permanence.

RÉTROCROISEMENT

Syn. *back-cross.*

RÉTROVIRUS

Virus dont le matériel génétique est de l'ARN qui sera transcrit en ADN par la transcriptase inverse. Le virus du sida et les oncovirus sont des rétrovirus.

RHÉSUS (FACTEUR)

Antigène trouvé sur les hématies de singe rhésus (macaque) et dans une certaine proportion de la population humaine (85 %). Le facteur rhésus est déterminé par un allèle dominant.

RIFT

Déchirure de la croûte terrestre qui se matérialise par un fossé d'effondrement, parcouru par de nombreuses fissures éruptives. Le rift est limité sur les côtés par des bords surélevés provenant de fractures parallèles à son axe. Les rifts peuvent être continentaux (fossé rhénan, rifts Est-africain) ou océaniques (Islande), ils sont situés alors au sommet des dorsales océaniques.

RISQUE GÉNÉTIQUE

Situation dans laquelle un couple désirant avoir des enfants possède une probabilité supérieure à la moyenne de mettre au monde un enfant présentant une anomalie congénitale existant dans une ou dans les deux familles.

ROCHE

Matériau constituant l'écorce terrestre. Les roches sont formées par l'assemblage d'unités élémentaires, les minéraux, qui donnent à l'ensemble ses caractéristiques et ses propriétés. Le plus souvent, les minéraux sont reliés entre eux et forment un ensemble dur (caillou, pierre, galet), plastique (argile...), meuble (sable) voire liquide (pétrole) ou gazeux. Suivant leur origine, on distingue les roches magmatiques, les roches sédimentaires et les roches métamorphiques.

ROCHE CORNÉENNE

Roche du thermométamorphisme, les plus proches de la source de chaleur. Les roches cornéennes sont caractérisées par leur dureté, leur aspect compact, leur texture massive, leur fine granulation et l'absence de schistosité.

ROCHE GRENUE

Roche magmatique dont tout le volume est formé par un assemblage de cristaux parfaitement visibles à l'œil nu. Une roche grenue provient du refroidissement très lent, en profondeur, d'un magma (gabbro, granite).

ROCHE MAGMATIQUE

Roche issue de la cristallisation plus ou moins rapide d'un magma. On distingue : 1) des roches totalement cristallisées (roches plutoniques) issue d'un magma qui s'est refroidi lentement en profondeur (granite, gabbro, péridotite) ; 2) des roches partiellement cristallisées (= roches volcaniques) constituées de cristaux plus ou moins gros (pyroxène, plagioclase) s'étant formés au cours d'un refroidissement lent en profondeur et noyés dans une pâte (basalte, andésite), et des roches microlitiques formées de petits cristaux (microlites) noyés dans un verre provenant d'un refroidissement rapide en surface.

ROCHE MÉTAMORPHIQUE

Roche provenant de la transformation à l'état solide d'une roche solide à la suite de son arrivée dans de nouvelles conditions de pression et/ou de température. Ce métamorphisme s'accompagne de la disparition de minéraux dits antémétamorphes et de l'apparition de nouveaux minéraux ainsi que de la modification de sa texture.

ROCHE PLUTONIQUE

Voir Roche magmatique.

ROCHE SÉDIMENTAIRE

Roche formée à la surface de la Terre, les roches sédimentaires ne représentent que 5 % du volume de la croûte terrestre, mais couvrent 75 % de sa surface. Elles sont formées à la suite du transport et du dépôt de matériaux (sédiments, molécules) ayant appartenu à d'autres roches, qui vont subir une transformation ou diagenèse. En l'absence de phénomènes tectoniques, les couches sédimentaires se déposent les unes au-dessus des autres et sont donc les témoins et les produits du temps.

ROCHE VOLCANIQUE

Voir Roche magmatique.

RU 486

Molécule contragestive fabriquée par Roussel-Uclaf, d'où le nom. La RU 486 est une anti-hormone qui se fixe sur les mêmes récepteurs que ceux de la progestérone mais ne provoque pas son effet.

S

SABLE

Élément constitutif d'une roche détritique dont le diamètre est compris, suivant les classifications, de 100 à 200 µm à 2 mm. S'emploie aussi pour désigner les grains de quartz formant les dunes et les plages.

SAUVAGE

Désigne un organisme ou un allèle qui possède la forme fonctionnelle du gène à l'opposé d'un mutant qui possède un allèle plus ou moins défectueux. Par convention, on associe à l'abréviation de la mutation le signe + pour désigner l'allèle sauvage.

SCHISTE

Roche métamorphique ayant acquis une schistosité sous l'effet de contraintes tectoniques. Ces schistes se débitent plus ou moins facilement en feuillets soit à la suite d'une fracturation, soit à cause d'une orientation des cristaux de la roche parallèlement au plan de clivage.

SCHISTOSITÉ

Capacité d'une roche de se casser suivant des plans parallèles, en feuillets homogènes plus ou moins minces. Les feuillets obtenus sont d'autant plus fins que le grain de la roche est de faible diamètre.

→ Foliation.

SÉCRÉTION

Synthèse par une cellule, à partir de précurseurs, d'une ou de plusieurs substances chimiques que la cellule n'utilise pas pour elle-même et qu'elle libère généralement dans le milieu extracellulaire.

SÉCRÉTION INTERNE

Caractérise des glandes qui déversent leurs produits de sécrétion dans la circulation sanguine. Syn. endocrine.

SÉGRÉGATION

Processus qui conduit à la séparation de deux éléments comme les chromosomes homologues d'une paire au cours de la première division de méiose.

SÉDIMENT

Accumulation par dépôt de particules de taille variable ayant subi, indépendamment les unes des autres, un transport ou provenant de la précipitation des minéraux d'un liquide. Ces matériaux proviennent soit de l'érosion de roches anciennes, soit résultent d'une activité biologique (accumulation de coquilles...). Après avoir été transportés et déposés, les sédiments gorgés d'eau subissent des transformations ou diagenèse sous l'effet du poids de ceux déposés au-dessus ; ils perdent alors leur eau, les particules se lient entre elles, le sédiment meuble devient une roche sédimentaire dure.
→ Roche sédimentaire, diagenèse.

SÉDIMENTATION

Ensemble des étapes conduisant à la formation de sédiments. Suivant la nature du lieu où les sédiments se déposent, on distingue des sédimentations marines, des sédimentations lagunaires, des sédimentations continentales. Si la zone de dépôt est de grande étendue et que les sédiments se déposent durant une longue période, il s'agit d'un bassin sédimentaire.

SÉISME

Libération soudaine d'énergie accumulée dans les roches provoquant à la surface terrestre des secousses. On distingue : des séismes tectoniques dus au rejet d'une faille ; des séismes volcaniques provoqués par des montées de magma ; des séismes d'effondrement dus à l'écroulement d'une cavité.

SÉLECTION CLONALE

Dans le système immunitaire, c'est la sélection, puis la prolifération, de certains lymphocytes qui possèdent les récepteurs membranaires complémentaires d'un antigène spécifique ou du soi modifié. Ces quelques lymphocytes, au départ présents dans l'organisme à un millier (?) d'exemplaires, se multiplient et donnent un clone dont toutes les cellules expriment les mêmes récepteurs de surface.

SÉLECTION NATURELLE

Avantage pris par certains génotypes par diminution de la fécondité et/ou de l'espérance de vie d'autres génotypes parmi la population, sous l'influence de facteurs du milieu.

SENS

Sensibilité qui permet de percevoir des impressions conscientes, c'est-à-dire des sensations. Les cinq sens classiques sont : la vue, l'ouïe, l'odorat, le goût, le toucher.

SENSATION

Phénomène psychophysiologique par lequel un stimulus externe ou interne a un effet conscient sur l'être vivant. La sensation consiste en une intégration des différentes informations sensorielles et à leur confrontation aux souvenirs, ce qui permet la reconnaissance et la représentation du milieu extérieur ainsi que des rapports qu'entretient le corps avec celui-ci.
→ Perception.

SENSIBILISATION

Action de rendre un tissu, un organe capable de réagir de manière spécifique au contact d'un antigène, d'un agent physique ou chimique.

SENSIBILITÉ

Propriété d'un être vivant de réagir aux variations du milieu extérieur ou intérieur par des sensations. La sensibilité est la capacité que possède le système nerveux à recevoir, à analyser et intégrer les stimuli et d'être ainsi informé des particularités des milieux extérieur ou intérieur. Syn. excitabilité.

SENSITIF

Relatif aux sens, à la sensibilité, aux sensations. Qualifie aussi un organe ou une cellule capable de transformer un stimulus interne ou externe en un message nerveux et de l'acheminer vers un centre nerveux où il est analysé.
→ Sensoriel.

SENSORIEL

Relatif aux organes des sens et aux sensations.

SÉQUENCE

Ordre d'enchaînement d'éléments constitutifs d'un polymère formé par des unités non identiques (protéines, acides nucléiques).

SÉQUENCE NUCLÉOTIDIQUE

Ordre d'enchaînement des nucléotides, c'est la structure primaire d'un acide nucléique.

SÉRIQUE

Qui se rapporte au sérum.

SÉRO-VACCINATION

Injection combinée d'un sérum provenant d'un animal ou d'un individu immunisé contre un antigène spécifique et d'un vaccin dirigé contre ce même antigène dans le but d'obtenir rapidement par le premier une immunité passive transitoire, par le second une immunité active plus durable.

SÉROCONVERSION

Apparition d'anticorps spécifique après une primo-infection. Dans le cas de la contamination par le VIH, le délais d'apparition des anticorps peut s'étendre jusqu'à 3 mois.

SÉRODIAGNOSTIC

Recherche de l'agent causal d'une maladie infectieuse par la mise en évidence de ses anticorps spécifiques dans le sang d'un patient. Le test ELISA est un sérodiagnostic. Il existe des tests ELISA spécifiques.

SÉRONÉGATIVITÉ

État d'un organisme qui ne présente pas dans son sang les anticorps spécifiques d'un antigène donné.

SÉROPOSITIVITÉ

État d'un organisme qui présente dans son sang les anticorps spécifiques d'un antigène donné.

SÉROTHÉRAPIE

Méthode de soin consistant à injecter des anticorps spécifiques d'un antigène, produits par un autre individu, voire une autre espèce, à un patient qui est victime de ces mêmes antigènes. Le traitement des envenimations se fait souvent par sérothérapie.

SÉRUM SANGUIN

Partie liquide du sang dépourvue des différentes cellules et des plaquettes sanguines ainsi que de la fibrine responsable de la coagulation.

SEVRAGE

Action de priver un toxicomane de sa drogue habituelle au cours d'une cure de désintoxication.

SIDA
Sigle de Syndrome d'Immuno-Déficience Acquise. Destruction des défenses immunitaires d'un individu par le VIH. Ce virus s'attaque essentiellement aux lymphocytes T4 et aux macrophages, ce qui conduit, avec la diminution de leur nombre, à une baisse de l'efficacité des défenses immunitaires. Si l'individu séropositif ne possède pas de signes de son infection, il est dit asymptomatique ou porteur « sain ». Avec le temps, et la diminution progressive des LT4 (ils passent d'environ 1 000 à 600-400/mm^3) qui deviennent moins nombreux que les LT8, les premières manifestations apparaissent : poussées de fièvre à répétitions, diarrhées, amaigrissement, hypertrophie des ganglions, elles constituent le pré-sida. Quand le nombre de LT4 tombe au-dessous de 200/mm^3, les maladies opportunistes se développent et entraînent la mort du sujet.

SILICATE
Minéral caractérisé par un motif comportant un atome de silicium tétravalent en son centre et un atome d'oxygène à chaque sommet du tétraèdre SiO_4. Ces tétraèdres sont reliés entre eux par certains ions positifs ou par des atomes d'oxygène. Selon la disposition des tétraèdres, on distingue plusieurs catégories de silicate.

SILICATE D'ALUMINE
Silicate où les tétraèdres élémentaires sont reliés entre eux par des atomes d'aluminium (Al_2SiO_5). Suivant les caractéristiques (température, pression) du milieu de cristallisation, le silicate d'alumine donne naissance à des minéraux différents, c'est un minéral polymorphe qui existe sous trois états : andalousite, disthène, sillimanite. Chacun de ces états constitue un témoin des conditions thermodynamiques (géobaromètre, géothermomètre) régnant au moment de sa formation.

SILICE
Silicate de formule brute SiO_2 cristallisant sous différentes formes. Le principal minéral formé de silice est le quartz qui cristallise dans les roches magmatiques à partir d'une masse de silice supérieure à 55-60 % ; il peut alors former 30 % du volume de la roche.

SILLIMANITE
Silicate d'alumine rare dans les roches magmatiques mais très abondant dans les roches du métamorphisme régional (schistes, micaschistes, gneiss). En lumière polarisée, la sillimanite apparaît en prismes blancs, fins et allongés. La sillima-

nite se forme dans des conditions de cristallisation où la température dépasse 600 °C pour des pressions comprises entre 200 et 800 mPa. Elle témoigne de conditions de formation dans les profondeurs de la croûte.

SITE ANTIGÉNIQUE

Partie d'une molécule capable de déclencher la production d'anticorps spécifique. Syn. épitope, déterminant antigénique.

SITE DE FIXATION DU COMPLÉMENT

Zone de la région constante des chaînes lourdes d'immunoglobines qui est dégagée quand l'anticorps fixe un antigène. Cette zone est capable de se lier à une des molécules du complément en solution dans le sang et de déclencher son activation, c'est la voie classique d'activation du complément.

SITE DE RESTRICTION

Zone de la molécule d'ADN caractérisée par une séquence précise de nucléotides qui se lit de la même façon de droite à gauche que de gauche à droite et qui est reconnue et coupée de manière spécifique par une enzyme de restriction donnée.

SITE DE TRANSDUCTION

Zone de l'extrémité d'une dendrite d'un neurone sensitif où l'énergie du stimulus est convertie en une dépolarisation proportionnelle à celle-ci ; cette dépolarisation est appelée potentiel du récepteur.

SOI

Ensemble de tous les déterminants antigéniques (CMH, soi-immunologique, groupes sanguins,...) que possède un individu et, en principe, contre lesquels le système immunitaire ne réagit pas sauf en cas de maladies auto-immunes. Une cellule possède entre 500 000 et 1 000 000 antigènes du CMH sur sa membrane et une hématie environ 10 000 marqueurs du système ABO.

SOI IMMUNOLOGIQUE

Ensemble des antigènes du CMH associé à des peptides du soi.

SOI MODIFIÉ

Molécules du soi (antigènes du complexe majeur d'histocompatibilité) auxquelles les cellules présentatrices d'antigènes (CPA) associent des fragments moléculaires (petits peptides) qui proviennent de la digestion d'éléments du non-soi qu'elles ont phagocytés. Le soi modifié est alors placé sur la membrane des CPA où il est reconnu par des lymphocytes T4 ou T8 portant le récepteur T complémentaire.

SOIE SENSORIELLE

Récepteur sensoriel des insectes qui détecte des stimuli spécifiques.

SOLIDUS

Courbe expérimentale indiquant les conditions de pression et de température dans lesquelles un mélange de roches à l'état liquide ou semi-liquide passe à l'état entièrement solide.
→ Liquidus.

SOMMATION

Propriété d'un neurone postsynaptique à réagir aux PPSI et PPSE provenant des différents neurones faisant des synapses avec lui. Il faut plusieurs potentiels d'action présynaptiques pour obtenir un potentiel d'action postsynaptique. Ces potentiels d'action déclenchent des potentiels d'action postsynaptiques (PPS) ; si les PPS proviennent du même neurone présynaptique, la sommation est temporelle, s'ils proviennent de plusieurs neurones présynaptiques, elle est spatiale. Le corps cellulaire du neurone postsynaptique fait la somme « algébrique » des PPS ; si la valeur obtenue est supérieure à la valeur seuil, un message est émis, si elle est inférieure, aucun message n'est transmis.
→ Intégration.

SONDE FLUORESCENTE

Fragments d'ADN ou d'ARN monocaténaires marqués par des molécules qui émettent de la lumière (fluorescence). Ces sondes s'hybrident avec les régions de l'ADN dont elles sont complémentaires. De la même manière, des anticorps sont marqués avec des molécules fluorescentes afin de visualiser la répartition de certaines molécules dont ils sont spécifiques. Syn. sonde froide.

SONDE MOLÉCULAIRE

Molécule qui se lie de manière spécifique à une molécule que l'on recherche. Les anticorps et les acides nucléiques monocaténaires sont capables de repérer des molécules spécifiques ou des séquences particulières de nucléotides.
→ Sonde fluorescente, radioactive.

SONDE RADIOACTIVE

Fragment monocaténaire d'ADN ou d'ARN de séquence connue, marqué par un isotope radioactif, utilisé pour localiser et identifier le brin d'ADN complémentaire au cours d'une expérience d'hybridation moléculaire. Des anticorps sont aussi marqués par des atomes radioactifs afin de repérer les antigènes sur lesquels ils se fixent. Syn. sonde chaude.

SOUPE PRIMITIVE

Mélange des premières molécules organiques à partir desquelles la vie a pu prendre forme. Cinq étapes sont nécessaires pour passer de la matière inerte à la matière vivante, c'est-à-dire la possibilité d'assimiler, de croître et de se reproduire : 1) formation d'une planète avec une atmosphère contenant les molécules élémentaires ; 2) synthèse des briques élémentaires des polymères biologiques (bases azotées, acides aminés, sucres) ; 3) polymérisation de ces éléments conduisant à la formation d'acides nucléiques et de protéines ; 4) isolement par une barrière sélective (membrane) de certains de ces composants du reste du milieu ; 5) mise en place d'un système de reproduction permettant à cette première cellule de transmettre ses caractéristiques à sa descendance.

SOUS-ESPÈCE

Ensemble de populations présentant des caractéristiques communes et habitant un subdivision du domaine géographique de l'espèce. Les individus appartenant à des sous-espèces différentes de la même espèce peuvent se reproduire entre eux sans diminution de la fertilité. Syn. race géographique.

SOUTHERN BLOT – MÉTHODE DE SOUTHERN

Transfert d'ADN dénaturé (monocaténaire) et coupé par une enzyme de restriction depuis un gel sur une membrane où il peut être hybridé (voir hybridation moléculaire) avec un acide nucléique complémentaire qui sert de sonde. Cette technique a été mise au point par Southern. Elle permet de localiser les gènes sur les chromosomes.

→ Hybridation moléculaire.

SPÉCIATION

Processus de formation des espèces. Dans la spéciation géographique, des espèces naissent à partir d'une espèce ancestrale quand, à la suite de différents événements tectoniques, climatiques,... l'aire de répartition originale est fragmentée. Il se forme alors plusieurs sous-ensembles qui évoluent indépendamment les uns des autres au gré de mutations, de la sélection naturelle, de la dérive génique, de l'effet de fondation. Ces sous-ensembles finissent par diverger les uns des autres. Schématiquement, si les individus pris dans ces sous-ensembles se reproduisent entre eux, ces sous-ensembles forment des sous-espèces, s'ils en sont incapables, ce sont des espèces.

→ Isolement reproductif.

SPECTROGRAPHE DE MASSE

Appareil destiné à séparer les isotopes d'un même élément. Syn. spectromètre de masse.

SPINAL

Qui se rapporte à la colonne vertébrale. Un animal spinal est un animal dont le cerveau a été détruit mais qui conserve la moelle épinière et donc la capacité à réaliser des réflexes. Syn. rachidien.

SPORE

Cellule reproductrice issue de la méiose qui, en germant, donne naissance à un gamétophyte, c'est-à-dire une plante qui produit des gamètes. Le grain de pollen est issue d'une spore.

STIMULATION

Modification physique ou chimique susceptible de déclencher une réponse au niveau d'une cellule excitable. Si la valeur de la stimulation est supérieure à la valeur seuil, un influx nerveux naît et se propage.
→ Excitabilité, stimulus.

STIMULUS

Modification le plus souvent soudaine, de nature physique (son, chaleur, lumière, pression...) ou chimique (molécules), qui provoque l'activité de cellules dites excitables.

STRATE

Syn. couche géologique.

STRATIGRAPHIE

Étude de la succession des dépôts sédimentaires s'étant transformés en roches et formant des couches géologiques ou strates. La stratigraphie permet d'établir une chronologie relative en mettant en pratique deux principes qui, bien qu'ayant une portée très générale, souffrent parfois de quelques exceptions : le principe de continuité et le principe de superposition. Le principe de continuité postule qu'une couche bien définie est du même âge sur toute son étendue et le principe de superposition du même âge que de deux couches superposées, l'inférieure étant la plus ancienne et la supérieure la plus récente. De plus, des couches de même contenu paléontologique ont le même âge. Le contenu paléontologique permet d'établir des corrélations à distance entre des couches qui ne sont pas accessibles sur toute leur étendue.

STRATOTYPE

Couche sédimentaire ayant servi à définir un étage et faisant office de référence pour tous les géologues. Le nom du stratotype est dérivé d'un nom de lieu auquel on accroche le suffixe -ien.

STROMATOLITES

Dépôts calcaires réalisés par des algues bleues ou cyanobactéries, organismes procaryotes photosynthétiques. Les stromatolites sont connues depuis le Précambrien (3 Ga) et persistent aujourd'hui.

STRUCTURE

État de l'arrangement des différentes parties d'un système, cette notion est valable quelle que soit l'échelle et quelle que soit le nombre de dimension considéré. En géologie on distingue : 1) une structure cristalline (réseaux cristallins) basée sur la position des atomes les uns par rapport aux autres ; 2) une structure minérale (macle, zonation) basée sur l'arrangement des édifices cristallins ; 3) une structure des roches ou texture ou structure pétrographique basée sur la taille et la forme des minéraux (structure holocristalline, hémicristalline) ; 4) une structure tectonique basée sur les grands ensembles de roches (massifs intrusifs, coulées, couches...) ; 5) la structure du globe basée sur l'étude des propriétés physiques des différentes couches déduites de l'étude de la propagation des ondes sismiques.

STRUCTURE I

Enchaînement ordonné et linéaire des acides aminés dans une chaîne polypeptidique ou des nucléotides dans un acide nucléique.

STRUCTURE II

Repliement élémentaire dans l'espace (hélice, feuillet) commun à plusieurs chaînes polypeptidiques.

STRUCTURE III

Repliement dans l'espace spécifique d'une chaîne polypeptidique.

STRUCTURE IV

Association de plusieurs chaînes polypeptidiques comme dans les molécules d'immunoglobulines et d'hémoglobine.

SUBDUCTION

Enfoncement d'une lithosphère océanique froide et dense dans une asthénosphère moins dense. L'inclinaison de la plaque plongeante, ou plaque subductée, définit un plan de Bénioff-Wadati marqué par des tremblements de terre à foyers de plus en plus profonds. Les zones de subduction se caractérisent par une fosse océanique, qui n'est rien d'autre que la matérialisation de la flexion de la plaque plongeante et, par un volcanisme andésitique. → Tectonique des plaques.

SUBSIDENCE

Enfoncement progressif de certaines parties de l'écorce terrestre sous l'action du poids des couches sédimentaires ou de diverses déformations tectoniques situées au-dessus.

SUBSTANCE BLANCHE

Composante du tissu nerveux constituée par les axones des neurones myélinisés. Dans le cerveau, la substance blanche se trouve sous la substance grise ; dans la moelle épinière, elle se situe à l'extérieur.

SUBSTANCE GRISE

Dans le système nerveux central, les parties des neurones dépourvues de gaine de myéline, c'est-à-dire les corps cellulaires, constituent la substance grise. Ainsi, dans le cerveau, la substance grise forme d'une part le cortex cérébral et se trouve à l'extérieur et d'autre part les noyaux gris situés à l'intérieur. Dans la moelle épinière, les corps cellulaires des neurones sont à l'intérieur de celle-ci où ils forment la substance grise qui est entourée par la substance blanche.

SUBSTANCE P

Neuropeptide de 11 acides aminés produit par les arborisations terminales des fibres nociceptives périphériques (fibres C). La substance P (*Pain* : douleur en anglais) est le premier neuromédiateur connu qui participe à la transmission des informations nociceptives.

SUTURE OPHIOLITIQUE

Restes de plancher océanique métamorphisés à basses températures et hautes pressions et provenant d'un charriage sur une marge continentale. Ce plancher est un reste du fond de l'océan qui séparait les deux continents avant la subduction, la localisation de la suture ophiolitique marque la limite entre les deux continents.

SYNAPSE

Zone de contact entre l'arborisation terminale d'un neurone et une autre cellule (neurone, cellule musculaire, cellule glandulaire). La synapse comporte une membrane présynaptique formant le bouton synaptique, un espace ou fente synaptique et une membrane postsynaptique. Le message nerveux passe d'une cellule à l'autre par l'intermédiaire d'un neurotransmetteur. Une synapse excitatrice est une synapse dont le neurone présynaptique libère un neurotransmetteur qui produit une dépolarisation sur la membrane postsynaptique (PPSE). Une synapse inhibitrice est une synapse dont le neurone présynaptique libère un neurotransmetteur qui produit une hyperpolarisation sur la membrane postsynaptique (PPSI). Une synapse neuro-musculaire se situe entre un neurone et une cellule musculaire, une synapse neuro-neuronique entre deux neurones.

SYNCLINAL

Pli affectant les couches géologiques où les strates les plus récentes se situent à l'intérieur de la courbure. Dans le relief, s'il n'y a pas d'érosion, le synclinal apparaît comme une dépression ; s'il y a eu érosion, il se repère par l'existence de strates de plus en plus anciennes de part et d'autre de son axe.

SYNDROME

Ensemble de symptômes ou de signes qui, pris ensemble, caractérise un état pathologique alors qu'un seul d'entre eux n'est pas significatif de cet état.

SYNDROME DE DOWN

Maladie congénitale appelée aussi mongolisme. Les enfants atteints de cette maladie possèdent une face évoquant celle des peuples mongols (tête ronde, face aplatie, yeux bridés), des mains et des pieds larges, des petits fémurs et un développement intellectuel très retardé d'où le nom d'idiotie mongolienne. L'espérance de vie dépasse rarement 30 ans. La cause de cette anomalie congénitale est une trisomie 21 associée parfois à une translocation d'un des trois chromosomes 21 sur un des homologues de la paire n° 14.

SYNDROME DE KLINEFELTER

Maladie qui atteint un individu masculin de caryotype XXY et qui touche un garçon sur 850. Les caractères sexuels primaires et secondaires sont peu développés, les membres sont allongés, parfois il existe un déficit intellectuel plus ou moins marqué.

SYNDROME DE TURNER

Maladie qui atteint un individu féminin de caryotype X0 et qui touche une fille sur 10 000. Les filles atteintes du syndrome de Turner sont de petite taille, stériles et à caractères sexuels secondaires peu développés.

SYSTÉMATIQUE

Science dont le but est la réalisation d'une classification des êtres vivants ; la systématique actuelle est basée sur l'étude des degrés de parentés entre taxons et doit refléter l'histoire évolutive des différentes lignées.

SYSTÈME

Subdivision chronostratigraphique de l'ère, les systèmes sont aussi divisés en sous-systèmes. Le Cénozoïque est divisé en trois systèmes (Quaternaire, Néogène, Paléogène), le Mésozoïque (ère secondaire) en Crétacé, Jurassique Trias et le Paléozoïque (ère primaire) en Permien, Carbonifère, Dévonien, Silurien, Ordovicien, Cambrien.

SYSTÈME IMMUNITAIRE

Ensemble des tissus et des cellules des vertébrés qui leur permet de produire une réponse spécifique et adaptée à l'invasion par des micro-organismes, des virus, des parasites, des cellules cancéreuses... et qui les protège contre les effets de l'infection et dans certains cas, leur conférant une protection plus ou moins longue à la réinfection. Le système immunitaire est aussi responsable du rejet des greffes et des problèmes de transfusion.
→ CMH, immunité, soi, non-soi, soi modifié, soi immunologique.

SYSTÈME NERVEUX

Ensemble de neurones qui génèrent, conduisent et transmettent des messages de nature électrique. Le système nerveux reçoit et coordonne les informations en provenance de l'extérieur et de l'intérieur de l'organisme par l'intermédiaire des récepteurs sensoriels dont les messages provoquent des réponses des muscles et des glandes, ce qui permet à l'animal de répondre rapidement et de manière adéquate aux stimuli internes ou externes.

SYSTÈME NERVEUX AUTONOME

Partie du système nerveux qui fonctionne de manière inconsciente (non volontaire), il comprend le système nerveux sympathique et système nerveux parasympathique qui innervent les muscles lisses des appareils digestif, circulatoire, respiratoire et urogénital ainsi que le cœur et l'activité sécrétoire des glandes exocrines. Syn. système nerveux neuro-végétatif.

SYSTÈME NERVEUX PARASYMPATHIQUE

Division du système nerveux autonome qui contrôle les contractions involontaires des fibres musculaires des vaisseaux sanguins, du tube digestif, de la vessie, des organes génitaux et du rectum.
→ Nerf vague.

SYSTÈME NERVEUX SYMPATHIQUE

Division du système nerveux autonome. Le système nerveux sympathique contrôle le mouvement et l'état physiologique des viscères (contraction cardiaque, contraction de la paroi des artères...). L'adrénaline est le principal neurotransmetteur impliqué au niveau des synapses avec les organes effecteurs. D'une manière générale, le système nerveux sympathique a une action antagoniste du système nerveux parasympathique. Un organe donné des viscères possède une innervation par les deux divisions du système nerveux autonome. Syn. système nerveux orthosympathique.

SYSTÈME RÉNINE-ANGIOTENSINE

Système de régulation hormonale trouvé chez les vertébrés supérieurs qui intervient dans le maintien de la pression artérielle. Ainsi, la libération de rénine par le rein permet la formation d'angiotensine, un puissant vasoconstricteur qui agit aussi par l'intermédiaire d'une hormone sécrétée par la glande corticosurrénale : l'aldostérone.

T

TACHYCARDIE

Accélération du rythme des pulsations cardiaques. La tachycardie est modérée quand le nombre des battements est compris entre 80 et 100, elle est intense quand elle dépasse cette valeur. Elle peut être physiologique (effort) ou le reflet de certaines maladies.

TAUX D'ÉVOLUTION

Vitesse avec laquelle les substitutions de nucléotides ou d'acides aminés apparaissent dans différentes lignées.
→ Horloge moléculaire.

TECTONIQUE DES PLAQUES

Théorie selon laquelle la partie superficielle de la Terre ou lithosphère est formée d'éléments rigides, les plaques lithosphériques, flottant et se déplaçant sur l'asthénosphère plus ou moins rigide. La théorie de la tectonique des plaques est à la géologie ce que la théorie de l'évolution est à la biologie, c'est-à-dire une théorie unificatrice.

TÉLOPHASE

Quatrième et dernier stade des divisions cellulaires (mitose, méiose). Durant la télophase de mitose, les chromosomes se décondensent, l'enveloppe nucléaire se reforme et les deux cellules filles commencent à se séparer. Les télophases I et surtout II de méiose présentent les mêmes caractéristiques.

TEMPÉRATURE

Mesure de la quantité de chaleur contenue dans un système. La température se mesure en degrés kelvin.

TEMPS FOSSILIFÈRES

Époques caractérisées par la présence de fossiles dans les couches sédimentaires. Les temps fossilifères débutent au Cambrien (550 Ma) avec l'apparition d'animaux à squelette dur pouvant se fossiliser.

TENSION ARTÉRIELLE

Force élastique exercée par les parois artérielles sur le sang qu'elles contiennent. La tension artérielle est équilibrée (principe de l'action et de la réaction) par la force contractile du cœur transmise par le sang. Chez un sujet normotendu, la pression artérielle maximale est comprise au repos entre 12,5 et 14 cm de mercure. La tension systolique dépend de la puissance de la contraction cardiaque et de l'élasticité des grosses artères. Chez un sujet normotendu, la pression artérielle minimale est comprise, au repos, entre 8 et 9 cm de mercure. La tension artérielle minimale dépend pour l'essentiel de l'écoulement du sang, c'est-à-dire de la résistance que présente le système vasculaire au déplacement du sang.

TEST

Squelette externe, calcaire ou siliceux qui protège des animaux comme les foraminifères, les radiolaires, les oursins.

TEST ELISA

Sigle anglais d'*Enzyme Linked Immuno Sorbent Assay*. Test immunologique (sérodiagnostic) permettant de détecter à l'aide d'anticorps marqués, par une réaction enzymatique, la présence des anticorps spécifiques d'un antigène. Le test ELISA ne s'applique pas uniquement à la recherche des anticorps anti-VIH.

TEST-CROSS

Croisement d'un individu dont on veut connaître le génotype avec un homozygote récessif (porteurs des allèles récessifs des gènes considérés). Le test-cross permet de « convertir » le génotype des gamètes en phénotypes des individus.

TÉTRADE

Ensemble de deux chromosomes homologues à deux chromatides appariés durant la prophase et la métaphase de première division de méiose. Syn. bivalent.

TÉTRODOTOXINE

Substance toxique extraite des poissons coffres japonais. La tétrodotoxine a la propriété de se loger à l'entrée des canaux

Na^+ voltages-dépendants et d'empêcher le passage de cet ion. De ce fait, ni les neurones, ni les cellules musculaires ne peuvent propager de potentiels d'action.

THALASSÉMIE

Affection congénitale provoquée par des délétions ou des substitutions dans les différents gènes de la famille de l'hémoglobine qui ne fonctionnent pas suivant le programme établi.

THÈQUE EXTERNE, THÈQUE INTERNE

La thèque externe est un tissu fibreux entourant le follicule tertiaire. La thèque interne est un tissu fibreux, vascularisé, présentant des cellules à allure épithéliale. La thèque interne possède des récepteurs à LH et produit avec la granulosa de l'œstradiol.

THÉRAPIE GÉNIQUE

Correction d'un défaut génétique par le remplacement ou l'ajout de cellules génétiquement corrigées, c'est-à-dire porteur d'un allèle fonctionnel du gène défectueux. On distingue une thérapie génique somatique et une thérapie génique germinale. Les résultats obtenus sont actuellement très décevants.

THERMOMÉTAMORPHISME

Syn. métamorphisme de contact.

THYMINE

Une des trois bases pyrimidiques constituant un nucléoside, la thymidine. La thymine n'est présente que dans l'ADN, elle est remplacée dans les ARN par une autre base pyrimidique, l'uracile.

THYMOCYTE

Syn. lymphocyte T.

THYMUS

Organe lymphoïde central se trouvant au niveau des poumons dans lequel les futurs lymphocytes T, originaires de la moelle rouge, achèvent leur maturation. Le thymus est le lieu de l'apprentissage du soi par les thymocytes matures.

TISSU

Ensemble de cellules d'un type particulier regroupées en une unité fonctionnelle. Ex. tissu nerveux, musculaire, sanguin, conjonctif...

TISSU LYMPHOÏDE

Tissu où sont produits les lymphocytes. Les tissus lymphoïdes primaires sont la moelle des os et le thymus où les cellules souches des lymphocytes se multiplient et se différencient. Les lymphocytes migrent ensuite dans des organes lymphoïdes secondaires (ganglions lymphatiques, rate) où ils achèvent leur maturation. Les lymphocytes et les phagocytes y rencontrent les antigènes, ce qui déclenche leur prolifération.

TOLÉRANCE

Capacité d'un organisme à supporter sans dommages apparents, les effets chimiques ou physiques auxquels il est soumis.

TONUS MUSCULAIRE

État de contraction permanent, de faible intensité qui existe normalement dans les muscles. Quand un muscle est privé de son innervation, le tonus musculaire disparaît ; le tonus est une matérialisation du réflexe myotatique.

TOTIPOTENCE

Capacité que possède une cellule, généralement embryonnaire, de se différencier en tous les types cellulaires différents.

TOXINE

Poison soluble produit par les micro-organismes. Les toxines ont un pouvoir antigénique qui déclenche la sécrétion d'anticorps. Par des traitements appropriés, on leur fait perdre leur pouvoir pathogène tout en conservant leurs caractéristiques antigéniques (immunogènes), on obtient des anatoxines utilisées pour la préparation des vaccins.

TRADUCTION

Transformation d'un message contenu dans un acide nucléique (ARNm) en une chaîne polypeptidique. Elle se réalise sur les ribosomes avec l'intervention des ARNt.

TRANSCRIPTASE INVERSE

ADN polymérase rencontrée chez certains virus (virus à ARN) et dans les cellules eucaryotes. La transcriptase inverse permet la synthèse d'un brin d'ADN complémentaire à partir d'une matrice d'ARN.

TRANSCRIPTION

Copie d'une séquence d'un brin d'ADN, par l'ARN polymérase, en une séquence complémentaire constituant un brin d'ARN.

TRANSDUCTION

Codage d'un signal en un autre signal porteur de la même information.

→ Site de transduction.

TRANSGENÈSE

Action d'introduire, par génie génétique, un gène étranger (transgène), et de le faire fonctionner dans un être vivant. Syn. transfert de gènes.

TRANSGRESSION MARINE

Avancée de la mer sur des surfaces continentales précédemment exondées. Les transgressions sont dues à une montée du niveau de la mer à la suite de la fonte des glaciers et/ou à l'enfoncement de la lithosphère continentale.

TRANSLOCATION

Transfert de tout ou partie d'un chromosome sur un autre chromosome. La translocation est équilibrée quand la garniture chromosomique globale est conservée indépendamment de la place de portions de chromosomes, elle est déséquilibrée quand il y a du matériel génétique en plus ou en moins.

TRANSMISSION SYNAPTIQUE

Passage des potentiels d'action d'un neurone à un autre ou à une autre cellule excitable par l'intermédiaire de synapses.

TRANSPORT MEMBRANAIRE ACTIF

Passage de molécules ou d'ions à travers une membrane contre un gradient (de concentration ou électrique) avec consommation d'ATP. L'expulsion des Na^+ du neurone et l'entrée du K^+ dans celui-ci se font par l'intermédiaire d'une structure membranaire appelée pompe Na^+ / K^+ ATP dépendante qui consomme de l'ATP pour réaliser ce travail.

TRAPP

Gigantesque empilement de coulées de lave basaltique. Ceux du Deccan (ouest de l'Inde) atteignent par endroits 2 400 m d'épaisseur et recouvrent une surface de deux millions de kilomètres carrés, totalisant un volume approximatif de deux millions de kilomètres cubes, soit l'équivalent d'un cube de 125 km de côté. Ce volcanisme daté de 65 Ma a été impliqué dans la disparition des dinosaures, mais des résultats récents montrent que la couche d'iridium est prise en sandwich entre deux coulées de lave. On pense que ces laves ont été émises par un point chaud dont le panache se situe actuellement au-dessus de la Réunion.

TRAVAIL
Produit d'une force par le déplacement de son point d'application.

TRIPLET
Ensemble de trois nucléotides. Un triplet de trois nucléotides sur un ARNm forme un codon, sur un ARNt, un anticodon.

TRISOMIE
Présence d'un homologue surnuméraire dans une paire de chromosomes. Pour l'homme, une trisomie se traduit par un caryotype 2n = n + 1. Seules les trisomies portant sur des chromosomes de petite taille ne sont pas létales. Les plus fréquentes sont les trisomies 21, 18, 13.

TRISOMIE 21
Présence d'un chromosome 21 surnuméraire dans le caryotype cause du mongolisme ou syndrome de Down. La trisomie 21 est liée à l'âge de la mère. La fréquence des trisomies 21 dans la population générale est de 1/700 naissances, mais elle monte à 1/12 quand la mère a plus de 45 ans.
→ Méiose atypique.

TRITIÉE
Qualifie une molécule dont un des atomes a été remplacé par un atome d'hydrogène radioactif, le tritium.

TUMEUR
Développement d'un massif cellulaire qui peut être limité dans l'espace et dans le temps, il est alors non invasif (verrues), la tumeur qui en résulte est qualifiée de bénigne. En revanche, si les cellules continuent de proliférer et qu'elles se détachent pour essaimer dans les tissus sous-jacents, la tumeur est qualifiée de maligne ou cancéreuse, elles forment alors des métastases.

U

ULTRASTRUCTURE
Structure intra- ou extracellulaire de très petite taille qui ne peut être observée qu'au microscope électronique.

UNIFORMITARISME
Syn. actualisme.

UNIVERS

L'Univers que l'on observe actuellement comprend tout ce qui existe, c'est-à-dire des millions de galaxies séparées par un espace contenant de la poussière, des atomes, des particules. On l'observe jusqu'à 17 milliards d'années de lumière.

UNIVERSALITÉ DU CODE GÉNÉTIQUE

Principe suivant lequel le code génétique, c'est-à-dire l'équivalence entre les codons de l'ADN et les acides aminés qu'ils spécifient, est le même quels que soient les êtres vivants considérés. On connaît actuellement quelques exceptions à cette universalité, mais qui s'expliquent dans le cadre de la théorie de l'évolution.

URACILE

Une des trois bases pyrimidiques. L'uracile remplace la thymine dans les ARN, elle se lie avec l'adénine.

URANINITE

Minerai d'uranium contenant de l'oxyde d'uranium de formule U_3O_8. L'uraninite se présente sous la forme de dépôts sédimentaires qui ont été formés par accumulation d'oxyde d'uranium transporté par des eaux pauvres en dioxygène. L'uraninite témoigne d'une atmosphère dépourvue de dioxygène avant 2 Ga.

UTÉRUS

Organe creux musculeux, prolongé antérieurement par les trompes de Fallope et postérieurement par le vagin. L'utérus est destiné à recevoir l'embryon qui s'implante dans sa muqueuse ou endomètre durant toute la durée de la gestation. Cette muqueuse subit des transformations périodiques au cours de chaque cycle menstruel. À la fin de chaque cycle, l'endomètre, devenu dentelle utérine, se rompt ainsi que les vaisseaux qui la parcourent. Cette destruction est à l'origine des règles ou menstruations.
→ Nidation.

V

VACCIN

Préparation de micro-organismes ou de leurs composés antigéniques qui peuvent induire une immunité protectrice contre les effets pathogènes d'un virus ou d'une bactérie, mais qui ne provoquent pas la maladie. Les vaccins peuvent être obtenus à partir de souches inoffensives de virus ou de bactéries, de souches tuées ou affaiblies, d'antigènes purifiés ou d'analogues antigéniques.

VACCINATION

Sensibilisation préalable, au moyen d'un vaccin, d'un organisme à un antigène, pour augmenter la rapidité et l'efficacité de la réponse immunitaire.

VAISSEAUX LYMPHATIQUES

Vaisseaux conduisant la lymphe. Les vaisseaux lymphatiques prennent naissance dans les organes et se rejoignent pour former des troncs sur le trajet desquels se situent les ganglions lymphatiques. La lymphe retourne par la suite dans le système sanguin

VALEUR SEUIL

Valeur que doit atteindre un facteur pour déclencher une réaction.

VARIABILITÉ GÉNÉTIQUE

Estimation de la diversité génétique d'une population.
→ Polymorphisme, hétérozygote.

VARIATION GÉNÉTIQUE

Modification d'un caractère héréditaire au cours de générations successives.

VASOCONSTRICTION

Diminution du diamètre d'un vaisseau, principalement des artères, à la suite de la contraction de ses fibres musculaires lisses. La vasoconstriction est provoquée par des messages véhiculés par le système nerveux sympathique. Elle permet de maintenir une pression artérielle « normale » en cas de diminution de la volémie. La vasoconstriction, en diminuant l'arrivée du sang au niveau cutané, limite les pertes de chaleur en cas de températures trop basses. Comme la diminution du diamètre des artères est due à la contraction des fibres de leurs parois, on parle aussi de vasomotricité.

VASODILATATION

Augmentation du diamètre d'un vaisseau sanguin à la suite du relâchement des fibres musculaires lisses de leur paroi. La vasodilatation permet de faire diminuer la pression sanguine. En augmentant, la perfusion de la peau, la vasodilatation favorise l'élimination d'un excédent de chaleur produit par un travail musculaire intense.

VASOPRESSINE

Syn. ADH, l'hormone antidiurétique.

VECTEUR

En génie génétique, le terme de vecteur désigne un virus à ADN, un phage ou un plasmide dans lequel de l'ADN étranger est inséré pour être ensuite transféré dans une bactérie ou une autre cellule soit pour l'amplifier, soit pour le faire exprimer. C'est ainsi que l'insuline est fabriquée par génie génétique.

VEINE

Vaisseau sanguin conduisant le sang des organes aux oreillettes. Le sang y circule avec une pression très faible. Les parois sont minces, pauvres en fibres élastiques ; de plus les cellules musculaires lisses sont rares. L'intérieur des veines, qui travaillent contre la pesanteur, est garni de valvules qui empêchent le reflux du sang. Chez l'homme, le sang est reconduit au cœur par les veines caves supérieure et inférieure qui débouchent dans l'oreillette droite.

VEINULE

Petite veine qui sort des organes juste après les réseaux de capillaires.

VERRE

État de la matière qui n'est pas cristallisée. Un verre volcanique provient d'un refroidissement très rapide d'un magma. On distingue des roches volcaniques entièrement vitreuses (obsidienne) et des roches volcaniques chez lesquelles une partie plus ou moins importante du magma n'a pas cristallisé.

VERTÉBRÉS

Groupe d'animaux se caractérisant, entre autres, par la présence de vertèbres et par la possession d'un système nerveux tubulaire situé au-dessus du tube digestif. Les vertébrés comprennent environ 42 000 espèces qui se répartissent classiquement en poissons, amphibiens, reptiles, oiseaux, mammifères.

VÉSICULE PRÉSYNAPTIQUE

Volume délimité par une membrane contenu dans les terminaisons synaptiques. La vésicule synaptique contient des neurotransmetteurs qui sont libérés par exocytose à la suite de l'arrivée de potentiels d'action.

VIE

Ensemble des phénomènes que possède un assemblage de molécules depuis sa formation jusqu'à sa mort. Pour être vivant, cet assemblage moléculaire doit être capable : 1) de prélever de la matière dans le milieu et l'intégrer à sa propre substance (assimilation ou métabolisme) ; 2) de croître (augmentation de masse et de taille) ; 3) de se reproduire c'est-à-dire de fabriquer un ou plusieurs assemblage(s) possédant des propriétés semblables ou identiques à l'assemblage initial.

VIGUEUR HYBRIDE

Phénomène observé dans le cas du croisement de deux lignées pures différentes où les descendants présentent un phénotype plus intéressant que celui de chacun des deux parents. On explique ce phénomène par l'augmentation du nombre de gènes hétérozygotes.

VIH

Sigle de Virus de l'Immuno-Déficience Humaine, nom du virus du sida. Le virus du sida est un virus qui est transmis par contacts sexuels, par transfusions sanguines, par injections (seringues), de la mère à l'enfant au travers du placenta ou lors de l'allaitement. Actuellement, il n'y a pas d'autres modes de transmission prouvés. Le virus du sida est un rétrovirus, son matériel génétique est constitué de 2 molécules d'ARN entourées par une double couche de protéines, l'ensemble est enveloppé dans une membrane plasmique prise à la cellule-hôte. Celle-ci est recouverte par une protéine virale (gp120) qui se lie au récepteur CD4 porté par les lymphocytes T4, les monocytes et les macrophages et certaines cellules nerveuses.

VIRUS

Parasite intracellulaire obligatoire de très petite taille. La particule virale est constituée de matériel génétique (ADN ou ARN) et d'une enveloppe de protéines, parfois doublée d'une membrane plasmique arrachée à la cellule dans laquelle le virus se multiplie. Un virus est incapable de se multiplier, de transcrire ses gènes à l'extérieur de la cellule-hôte. Il est dépourvu de métabolisme. Dans la cellule qu'il parasite, il utilise les enzymes de son hôte et ses ribosomes pour faire fonctionner son matériel génétique et se multiplier.

VISCOSITÉ

État d'un fluide dont l'écoulement est ralenti par les frottements existant entre ses molécules constitutives. La viscosité d'une lave est conditionnée par sa composition chimique, sa teneur en gaz et sa température.

VOIE NERVEUSE DESCENDANTE

Ensemble de neurones où le message circule des centres nerveux supérieurs vers la périphérie, ce sont des voies motrices.

VOLCAN

Lieu de la croûte terrestre où du magma et des gaz arrivent à la surface. Suivant la nature des laves émises, l'appareil volcanique prend des formes différentes. Un même volcan peut connaître, au cours de ses différentes phases d'activité, des éruptions avec des coulées de lave fluide, avec des projections, avec des explosions. Le volcanisme sous-marin et le volcanisme des rifts continentaux (Afrique de l'Est) n'entrent dans aucune de ces catégories alors que ce sont les plus importants. Le volcanisme sous-marin se caractérise par des éruptions fissurales, où la lave ne sort jamais au même endroit et par des coulées de lave fluide formant, à cause du refroidissement rapide et de la pression hydrostatique, des structures particulières, les laves en oreillers ou *pillow lavas*.

VOLCANISME

Ensemble des manifestations liées à la sortie de magma des profondeurs de la Terre. Le volcanisme est particulièrement développé aux frontières de plaques (zones d'accrétion et de subduction), mais aussi en leur milieu (volcanisme de intraplaque).

VOLCANISME ANDÉSITIQUE

Volcanisme des zones de subduction dont les éruptions sont explosives et où les laves éjectées sont principalement des andésites qui se forment à partir d'un magma dont l'origine est complexe.
→ Subduction.

VOLCANISME EFFUSIF

Volcanisme qui donne naissance essentiellement à des laves basaltiques très fluides et très chaudes dont l'origine est la zone de transition entre la lithosphère et l'asthénosphère. Ces laves se déplacent rapidement et forment des coulées sur de grandes surfaces. Le volcanisme intraplaque et de dorsale sont de type effusif.

VOLCANISME INTRAPLAQUE

Volcanisme dont les manifestations se situent au sein d'une plaque lithosphérique qu'elle soit océanique ou continentale à l'inverse du volcanisme de dorsale ou de zone de subduction qui se situe à la frontière entre deux plaques. Le volcanisme intraplaque s'explique actuellement par la présence de points chauds.

VOLCANISME SOUS-MARIN

Volcanisme effusif des dorsales océaniques, c'est le volcanisme le plus discret, mais le plus important, c'est lui qui génère le nouveau plancher océanique. Il émet des laves basaltiques, les laves en oreillers ou *pillow lavas*.

VOLÉMIE

Volume sanguin total, c'est-à-dire le volume du plasma et celui des cellules sanguines. Le volume sanguin total comprend celui du sang circulant et celui des réservoirs. Il est de 76 mL/kg (dont 46 mL de plasma et 30 mL de globules) chez l'homme et de 66 mL/kg (dont 43 mL de plasma et 23 mL de globules) chez la femme. La volémie varie avec les apports et les départs d'eau ainsi qu'avec les hémorragies.

VOLORÉCEPTEUR

Récepteur sensoriel sensible aux variations de volume. Les volorécepteurs sont situés au niveau de l'oreillette gauche, dans la veine cave inférieure et la veine sus-hépatique.

VOLTAGE IMPOSÉ

Technique utilisée pour étudier les changements de perméabilité des canaux ioniques. À cet effet, deux électrodes sont utilisées, la première pour imposer un potentiel à la membrane, la seconde pour mesurer les courants membranaires entrants ou sortants pour en déduire la conductance en fonction du temps. Syn. *patch-clamp*.

W

WESTERN BLOT – MÉTHODE DE WESTERN

Technique consistant à transférer sur une membrane des protéines séparées au préalable par électrophorèse afin de conduire une analyse plus fine. Le nom de cette technique provient d'un jeu de mot analogique avec la méthode de transfert de Southern.

Y

YAC

Sigle anglais de *Yeast Artificial Chromosomes* (chromosomes artificiels de levures). Ce sont des chromosomes naturels de levure de bière dans lesquels on a inséré des fragments d'ADN étrangers de plusieurs kilobases et qui se répliquent dans les levures.

Z

ZYGOTE

Cellule diploïde résultant de la fusion de deux gamètes haploïdes. Syn. cellule, œuf.

ZYMOGRAMME

Résultats de la migration des protéines dans un champ électrique à la suite d'une électrophorèse. Le zymogramme permet de savoir, pour un gène donné, si un individu est homozygote ou hétérozygote.

Avec la participation de Christophe Durand

Avec mes remerciements aux élèves de mes différentes classes de premières et de terminales scientifiques du lycée Champlain à Chennevière/Marne pour leurs remarques ainsi qu'aux collègues qui se sont intéressés à ce projet et tout particulièrement Claude Adam, Anne Breuil, Anne Dambricourt-Malassé, Dominique Dumant, Siegfrid Lallement, Éric Périlleux et Martine Pernodet.

Couverture et maquette intérieure : TWICE.
Photographie de couverture : MARCO POLO/F. Bouillot.
Coordination artistique : Thierry Méléard.
Coordination éditoriale : Véronique de Finance-Cordonnier.
Avec la collaboration de : Isabelle Arnaud.

N° projet 10035066 (I) 7 OSBV 80° CGI Septembre 1996
Imprimé en Italie par G. Canale & C. S.p.A. - Borgaro T.se (Turin)